すべては良きことのために

山川紘矢

角川文庫
19814

文庫版まえがき

本書は『死ぬのが怖いあなたに』（イースト・プレス刊）の文庫本です。タイトルを変えさせていただいたのは、より多くの方に抵抗なく手に取っていただきたいと思ったからです。KADOKAWAの方も賛成してくださり、より前向きのタイトルになったような気がします。このタイトルであれば、友人にも、「ぜひ読んでみて」と勧められるような気がします。

僕が家内と一緒に精神世界の翻訳を始めてから30年になりました。その間、多くの本をいろいろな出版社から出していただき、非常に恵まれていました。「すべては良きことのために」と言う言葉は僕にとって、マントラのようなものです。人生には病気、試練、対立、そして死などいろいろあります。さらに不安も恐れも悲しみも喜びもあります。どんなことに遭遇しても、これは「すべては良きことのために」起こっているのだと前向きの気持ちで思うようにすると、そのすべてに落ち着いて、対応できるようになります。今現時点において、どんな問題を抱えていようと、それらは「すべては良きことのため」に起こっているのだと知ってさえいれば、人生がより楽になり、リラックスして生きられることでしょう。そして、すべてに対して愛と感謝しかないことがわかります。そうなれば、あなたの人生にはますます良いことが引き寄せられて来ます。それこそが人生のマスター・キーなのかもしれません。

大切なことは、自分自身を知ること、私達がここにいる意味と理由を知ること、そして、どうしたら幸せに生きられるのかを知ることです。見えるものもあれば、見えないものもあります。本書は『生きること』『死ぬこと』などについて、あれこれ書いたエッセイのような本です。本のどこからでも気楽に読み進めてください。なるほどと共感していただいたり、新たな気づきが起こったりしたら、僕としてはとても嬉《うれ》しく思います。どうか、気楽に、楽しみながらお読みください。人生とは笑って、歌って、踊って、楽しく、平和に、自分の好きなように生きる事が大切だと思っています。本書を手に取っていただき、本当にありがとうございます。

山川紘矢

死、病気、試練……
こうした不安や怖れを
僕たちはどのように考えればよいのでしょうか。
この本では僕が見てきた本当の事実を書きました。
僕がお伝えしたいのは、
この世界と向こうの世界の事実です。
この本があなたが迷ったときの
道しるべになればと思います。

はじめに　死んだらどうなるの？

あなた自身の心の奥底にそっと尋ねてみてください。

あなたは「死」について、どのような感情を抱いていますか？　いつかあなた自身が「死ぬ瞬間」を思い浮かべてみてください。なにもない空間の中に自分が消滅して消えてしまうことは、確かに怖ろしいことかもしれません。しかしそれはあなただけに限ったことではありません。死ぬのが怖いということは、ごく自然な感情です。でも、すべての人間は生まれたときから「死」に向かって進んでいるのです。

肉体の死は誰にでも必ず訪れます。いま80歳の人も、生まれたばかりの赤ちゃんも、やがては死んでゆきます。そして、その肉体はなくなります。時間は確実に流れているのですから、そのときが来るのを誰一人止めることはできません。

では、「死」とは、いったいどういうことなのでしょうか。

あなたも、自分がいつか死ぬことを怖れていることでしょう。

それはあなたが「死んだらすべてが終わる」と思っているからです。

人が死を怖れてしまうのは、それがすべての終わりだと信じているからです。

あなたは死とは敗北である、死とは忌み嫌われる縁起の悪いもの、と教えられていませんか？

でもそれは、ただ、私たちがそう教えられ、信じ込んでいるだけにすぎません。本当のところは、死は終わりではありません。

死ぬことであなたの体、肉体はなくなるでしょう。でもあなた自身は終わらないのです。

いま、この肉体はなくなっても、あなたのたましいは消滅することはありません。

本当の自分、つまり、あなたのたましいはこの世だけを生きる存在ではありません。

ずっと以前にも別の肉体の中に住んでいたことがありました。そして、死んで生まれ変わって、再び人生を生き始めます。あなたのたましいは永遠に存在し続けるのです。

このことは輪廻《りんね》転生と呼ばれています。

輪廻転生とは、この世においては、いまの自分の人生は、自分という存在として一定の期間、地球上にいるだけですが、つぎには、また違う人生を与えられ、新たな経験をしに戻って来ることです。たとえば僕はいまの人生は「山川紘矢《やまかわこうや》」という存在ですが、次はまた別の新たな人生を与えられるのです。たとえいまこの肉体が消滅しても人は何度も生まれ変わっていくのです。こうしてたましいは、経験を積んでゆくのです。

こう考えれば「死とは終わり」ではなく**たましいの一つの経験**だととらえることができます。

あなたが自分自身は「永遠のたましいの存在」だとわかることによって、あなたの生き方は根本的に変わってきます。「自分は誰なのか、自分は何者なのか」という問いかけは、あなたがとりくまなければならない最も大切な人生のテーマなのです。

自分とは「誰なのか」

なぜ、僕がこのような話をするのか。それには、まず、僕の運命を大きく変えた出来事について話をさせてください。それは僕が、40歳を過ぎてからのことです。

そのころの僕は、官僚として大蔵省《おおくらしょう》からワシントンD.C.にある世界銀行へ派遣されていました。世界銀行というのは開発途上国に開発援助を行う国際機関で、そこで世界各国から来た大勢の人たちと一緒に働いていました。僕が一番、いきいきと人生を楽しんでいたころだったかもしれません。昔から僕は国際的な場所で働くのが夢でしたから、まさにそのとき僕の人生は順風満帆だったのです。

ところが、神様は僕にたくさんの仕掛けをしてくれていたようです（あ、神様と言っても宗教とは関係ありません。僕にとっての神様とは、人知を超えた宇宙そのものということです）。

それはワシントン滞在中に、軽い気持ちで、そのころアメリカでとても流行していた自分への気づきを促すセルフ・アウェアネスのセミナーへの参加がきっかけでした。アメリカの友人に誘われて軽い気持ちで参加したのですが、ここで驚くようなこと（この驚くようなことは後で詳しく書きます。）に出会ったのです。

そして、そのころから、僕は「自分は何者なのか？」ということを少しずつ考えるようになりました。すると、それまでの公務員人生では考えてもみなかったたましいの真理に少しずつ気づき始めたのです。まるで見えない力に導かれるように、スピリチュアルな世界のドアが開かれました。僕はいったい、自分の人生で本当にしたいことは何なのだろうと考えるようになりました。この思いがきっかけとなって僕は一冊の本を翻訳しようと思ったのです。

それは映画女優シャーリー・マクレーンの著書『アウト・オン・ア・リム』という本です。いま思っても、出版とは縁もゆかりもない僕がこの本を日本語に翻訳しようと決めて、実際に翻訳をすることになったことは、不思議なことです。とても偶然だとは思えません。いまでは、実は、そういうことになっていたから、そうなったのだ、と思っています。

『アウト・オン・ア・リム』という本は、ハリウッド女優のシャーリー・マクレーンのたましいの探求の物語です。この本には、信じられないような不思議なことがたくさん書かれていました。興味深く読んではみたものの、最初からそのすべてを信じたわけではありません。シャーリー自身が書いているように、「本当だろうか？」と作者と一緒に、想像をめぐらしてゆきました。作者が体験したと書いていることは、当時の僕には、想像すら及ばないことでした。この本の中で精霊が、**「一番大切なこと**

は、**自分自身を知ることだよ」**と言っています。この言葉に出会って僕はこの本を訳そうと決めました。

そこで、『アウト・オン・ア・リム』の版権を日本の小さな出版社にとってもらい、僕たちは夫婦で半分ずつ翻訳をしました。本を訳し終わって、案外、簡単に訳せるものだな、と感じました。すると、その後すぐに、本に書かれているような事件が、自分自身の身にも本当に、起こりはじめたのです。

すべては偶然ではない

一番驚いたことは、ある朝、アメリカ人の友人から電話があり、リア・バイヤーズというチャネラーを紹介されたことです。それは1985年7月1日の朝のことでした。

彼女は、こう言いました。「セント・ジャーメインという精霊があなたにメッセージを伝えるようにと言っています。よく聞いてね。最近、あなたはシャーリー・マクレーンの『アウト・オン・ア・リム』を訳しましたよね。その本は、日本人の意識を変えるために、とても大切な本です。私は、あなた方夫婦を使って、その本を訳してもらったのです。この本が大切な本だということを忘れないでください」

その後、僕たち自身が、彼女を通して出てくる精霊にいろいろなことを教えてもらうようになったのです。精霊とのコンタクトが始まってから、この世以外にも、見えない世界が存在することが否定できなくなりました。僕の世界に対する見方が180度から360度に広がっていったのです。こんなことを書くと、僕の頭がおかしくなったと思われるかもしれません。自分でも考えてみたこともない思いがけない展開でした。

そして、いろいろ調べてゆくうちに、見えない世界があることは当たり前、輪廻転生も当たり前、科学で証明できる範囲はごく限られている、ということがわかってきました。

科学そのものが世界を狭く制限しているのです。その後、さらに、自分の体験をとおして、見えない世界から僕たちを助けている存在もたくさんいることがわかってきました。助けられているのは僕だけではありません。どの人だって助けられているのです。ただ、みんなは気がついていないだけなのです。

実際に特定の三人の精霊と25年以上も一緒に過ごしてきた僕と妻は、いまでは輪廻転生があると心から信じています。宇宙の法則や、人間の本質や悟りといわれていることについても、少しずつわかってきたような気がします。見えない世界のことですし、科学的な証明ができないことが多い領域の問題なので、わからないこともまだまだ多いのですが、意識が広がることによって、いろいろなことが違った角度から見えてくるようになりました。すると、人生が楽になり、輪廻転生があると考えた方がつじつまが合うような気がするのです。なんで戦争なんかするのだろう、と思えるようになり、確かに平和主義者、楽天主義者になりました。

『アウト・オン・ア・リム』を翻訳する前は、自分がこの世に生まれてきたことは単なる偶然に過ぎないと思っていました。自分はいま、どうしてここにいるのか、人生の意味は何なのかなど深く考えたこともありませんでした。いい大学を出て、いい仕事をして出世すること、いい家庭を持つことだけを目標にしてきました。正直言って、そのような人生も、とても充実した楽しい人生でした。しかし、自分の生活に精霊が出てきてから、世界観がまったく変わりました。誰もが、ただ偶然に目的もなくこの世に生まれてくるのではなく、**一人ひとりが人生の目的を持って生まれてくるのだと確信する**ようになりました。

人生の目的は「幸せになること」

人生の目的とはなんでしょうか。それは、人それぞれに違うことでしょう。でも、人生の目的は、「幸せになること」だと考えると、人の生き方の方向性がわかり、生きやすくなります。自分の人生の意味を知り、自分が本当に生きたい人生を生きることこそ、大切なことではないかと、いまでは思っています。できるだけ多くの人が、さまざまな恐怖から解放されて、死を怖がらずに、安心して人生を楽しみ、幸せになれればいいと思います。僕の場合は、多くの人々にスピリチュアルな真実を伝えるために、生まれてきたのだと思います。

だから僕は『アウト・オン・ア・リム』をはじめ『前世療法』『聖なる予言』『ザ・シークレット』など多くのスピリチュアルな本を日本に紹介してきたのです。

見えない世界は存在しますし、たましいは終わることはありません。

だから、僕たちは、「死を怖がる」ことなど何もありません。

僕たちが、この肉体を失ってもたましいが消滅することはありません。

僕たち人間は輪廻《りんね》転生を繰り返しながら、僕たちのたましいは経験を積んでいくのです。

この本ではこれまで僕が学んできたことをもとに、**死ぬこと、病気、人間関係、幸福など、多くの人々が悩み迷う人生のさまざまな問題について本当の事実だけ**を書きました。

あなたが悩み迷ったときに、道しるべになればと思います。

この世界には、宇宙の法則ともいうべきものがあります。死んでいくことも必要以上に怖れることはありません。もちろん大切な人を亡くした悲しみに何年だって泣いていてもいいのです。

死や悲しみは現実として受け止めればいいのです。

そして死や悲しみを受け止めたその先の見えない世界に気づいてくれれば、いまの人生は緩やかに充実していきます。不安や恐怖から解き放たれて心は軽くなっていくことでしょう。

そして、この本を読み終える頃には、あなたはきっと**見えない世界**を知ることになるでしょう。

僕としては人々の目覚めに少しでも協力できればいいな、と思っています。

目次

第二章 病気も老いも人生の恵み
――病気と老いの話

第三章　人生はたましいを磨く場所

――生きる目的と答え

第四章　誰もが幸せ、誰もがすごい人

――自分と宇宙の関係

第一章

死は新たな始まり

生と死の話

人はいつ死ぬのか

人は皆、死ぬときには死にます。ただ、自分ではそれを知らないだけです。

人がどれだけ生きるかは、偶然はなく、どこかで決まっているのではないでしょうか。そして、人はそのことをどこかで知っているのです。だから寿命という言葉があるのだと思います。寿命とは天から与えられた命の長さをいいます。

「死」イコール「終わり」だから怖いですか？

自分が消えてしまうから、怖いですか？

それは間違いです。死は卒業です。死は新たな始まりです。そんなに怖れなければならないものではありません。

僕は人にはそれぞれの運命があると思っています。つまり、人生のシナリオがあるのではないかと思っています。総理大臣になる人はそうなるように生まれてきている、と思います。踊り子になる人は、そうなるように生まれてきたのです。

自分にもっともふさわしい人生を送りましょう。それが幸せになるということです。自分の本当の運命を生きましょう。実は誰もがちゃんと自分の運命を知っていて、自分の運命をシナリオどおりに生きているのかもしれません。

波乱万丈の人生を生きる人、世界的に有名になる人、自分の特別な資質や仕事の業績で名を成す人、ノーベル賞をもらう人、有名な俳優や歌手になる人、平凡で穏やかな人生を送る人、その誰もが運命の定めたとおりの生き方をしていると思います。自分が決めてきた運命を生きているのです。

こう言うと、「運命があらかじめ決まっているならば、努力なんてするだけ無駄ということになるじゃないか」と反論される方もいるかもしれません。

いえいえ、努力に意味がないとは思いません。ただ、目的に向かって努力ができるのも運命、目指すところに到達できるのも、また運命だと信じているのです。

心の奥深くを覗《のぞ》いてみてください。

あなたも、自分の運命に気づいているのではありませんか？

自分は無限の可能性を持っている、と思いましょう。人生、不思議なもので、人間はそう思えば、そのようになるのです。人は自分が思うとおりになります。それがあなたの運命です。あなたがなりたい人になること、それがあなたの運命です。

よく、「心から願えば希望は叶《かな》う」といわれます。「念じれば通ず」という言葉もあります。

これらは単なる希望的観測ではなく、運命というものの真理をついています。

成功や願望の実現という、持って生まれた運命をたましいが自覚しているからこそ、それらを強く願うことができ、達成に結びつく的確な努力もできるということなのです。

運命が決定づけているものは、ほかにもあります。

それは、寿命や死に方です。

死といっても、それは肉体が滅ぶだけのことであり、たましいは永遠の存在です。肉体にとどまることも、肉体を去ることも、そこに宿ったたましいが目的を持って決めているのです。

中には「臨死体験をしてみよう」と計画しているたましいがあるかもしれません。臨死体験をして向こう側の世界を覗き見してきて、人々に向こう側の世界で見てきたものを伝える役割をになって生まれてきているのでしょう。

人間の肉体は、たましいの乗り物に過ぎません。僕たちのたましいは皆、さまざまな経験を通して、学習と理解をくり返します。とても勤勉です。そして、たましいが今生での学びを終えたときに、肉体の死が訪れます。もう卒業してもいいのです。

傍目《はため》には突然に思える死に方をした人に向かって、「まだやりたいことがたくさんあったろうに。さぞかし無念だろう」という思いを抱くことがありますが、人はこの世での目的を果たした時に死ぬのだと、僕は思っています。人生の半ばで惜しまれて亡くなり、周りの人に何か大切なことを教える目的を果たすこともあるでしょう。私たちの眼から見たときは、「まだまだ生きて欲しかった」と残念で、受け入れ難いことがあるかもしれません。しかし、人の死の真の理由は宇宙の神と本人のたましいだけが知っています。おそらく、すべては大いなる計画のもとに正当に執り行われているのでしょう。

この世の中の仕組みに関しては、**「抵抗しないで、受け入れてみる」**と、世の中、もっと、心穏やかに生きられるようになります。あなたのエゴは「それは大変」とすごく抵抗するとは思いますが。エゴの抵抗も、「かわいいな」と思ってあげましょう。

では、たましいが肉体の死を決めるのはいつか――それは、今生における目的を果たし、学習を終えたときです。ぼくは生まれる前に決めているのだと思っています。

だから、必要以上に他人の死を悲しんだり、同情したりしなくても大丈夫です。人をむやみやたらと長生きさせる必要もないのかもしれません。むやみやたらと、ということがキーワードですが。命はとても尊いものですから、大切にし、長く生きることは大切です。

この世では、死は良くないこと、避けたいこと、とされていますから、それはそれで、尊重してください。「死は良くないこと」とされている事実は尊重してください。でも本当のところは「死」は避けられないのですから、100歳にもなれば、死はおめでたい、ことかもしれません。

死に関しては、人と意見が違っていても、黙っていれば良いのです。人に自分の考えを押し付けてはなりません。僕も押し付けているわけではありません。

さて、ここまで読んでいただいて、何だか、自分の人生が運命やたましいに牛耳られているように思ってしまった人がいたとしたら、こう考えてください。

「自分はついてない」とか、「どうしてこんなに苦しまなくちゃいけないんだ」と、悲観したくなるような出来事があっても、思い詰める必要はないということです。すべて必要なこと、自分が体験しなくてはならないことが起こっているのだ、抵抗はやめよう、感謝して受け入れよう、僕たち人間の一生は、たましいの学びのためなのだから、と思うと楽になります。

でも、そんな考え方はまだいまの自分には受け入れられない、とおおいに反撥《はんぱつ》、抵抗してもいいのです。それこそがあるがままに生きることであって、大いに悲しみ、大いに苦しんでいいのです。また、不幸に生きる権利だってあるのですから。人々は苦しみや恐怖が楽しいのではないかと思えることはありませんか。恐怖映画や暴力映画などが盛んに作られ、大ヒットしています。人は自分が体験したいことを体験するのだと思います。僕は最近、暴力場面はあまり見たくない、と思うようになりました。

今生における試練は、前世で学び終わっていないことを経験し、そこから知恵を授かるためのレッスンです。いろいろな体験をすることによって、自分がどこから来たのか、何をしに来たのか、自分はいったい何者なのか、などを少しずつ学んでゆきます。どんな出来事からも必ず学んでいます。そして、必ずたましいの成長があります。無駄な試練など、何ひとつありません。精神的な苦しみや、病気などを通して学ぶことも多いのです。

少し淀《よど》んだ色合いのたましいが、試練を乗り越えることで、次第に澄んだ透明な色に変わるさまを想像してみるのもいいかもしれません。何だか、心がふわりと楽になりませんか？

どんな体験も、あなたのたましいをさらに美しく、磨き上げているのだと知りましょう。あなたのダイヤモンドはますます輝きを増すでしょう。苦労すれば苦労するほど磨かれると思えば、苦労することもいとわず正面から立ち向かい、やがて大いに報われることでしょう。

人間を含め、この世で命のあるものは、生きたい、繁栄したい、と懸命に努力する前向きな気持ちを持っています。だから、生命をおびやかしかねないつらいできごとや死を怖れます。それは至極、当たり前、当然のことです。自分を臆病《おくびょう》な人間だとか、欲深い人間だと責めたり、批判しないようにしましょう。自分に対する温かなまなざしが大切です。すぐひがんだりする自分を許してあげましょう。

試練の先にはたましいの成長があり、死の向こう側にはさらなる世界があります。そのことを知った方が、成長が早くなり、この人生を大切に生きられることは不思議なことです。自殺者が増えているいまだからこそ、人生の意味に気づくことができる環境づくりが大切です。自分を大切にする生き方を学ぶ機会が増える社会、命の大切さを知る授業などが必要になっているのかもしれません。なかでも、自分を知るための小さな助け合いのサークルがたくさんできる社会がいいですね。近くにそんな仲間がいれば、参加してみるのもいいでしょう。

短い命、長い命の役割

長命の人も短命の人もいます。

なかには、まだ年端もいかぬうちに命を落とす人もいます。

しかし、短命の人が不幸かというとそうではありません。

たまたま短かった今生の時間ですが、尊いたましいはきちんと短い命を凝縮した形で生き、役割を果たし終えたのです。

周りの人がそれに気づいてあげることで、この世から去ったたましいは、はかり知れない幸福に包まれるのです。

すべての命にありがとうと感謝できるといいですね。

生きとし生けるものはみな、死に向かう道をひたすらに歩んでいると思っている人がいるかもしれません。そして、そのことを少し悲しく思うかもしれませんが、でも本当は死なんかないのだとわかったら、人生を別の視点から眺めることができるでしょう。老いることは悲しいことではありません。年をとることは宇宙の仕組みがわかってきて、賢者になることです。老人と話してみてください。この世で大切なことはどれだけ出世することかなんかじゃないよ、と教えてくれるでしょう。これからは寿命も100歳なんて当たり前、という時代が来るでしょう。老人を大切にする社会ができてゆくでしょう。日本ももう高齢化社会ですね。高齢者に対して、いろいろな優遇があるので、ありがたいです。一方、これからは、チューブで食べ物を胃に流し込んで、一分、一秒、長生きさせることが大切、という考え方は間違っているということもわかってくるでしょう。

子どもに先立たれた親は、かつて経験したことのないほどの深い悲しみと、奈落《ならく》の底に突き落とされるつらさを味わうといわれています。

「自分が代わってやりたかった」

「あの子のためにもっとできることがあったのではないか」

「なぜ、わが子だけがこんな目に遭わなければならないのか」

身を切り刻むような思いが、さまざまに胸によぎるでしょう。あとを追いたくなることすら、あるかもしれません。十分に悲しむことに反対ではありません。でも本当のところは死んだたましいも向こうの世界で大丈夫なのです。亡くなった子どもは周りの人に、「そんなに悲しまないでください」といつもメッセージを送っています。

私たちは死から命の大切さ、愛の尊さなど、いろいろと学んでいるのです。同じ体験をした者同士が集まり、悲しみを話し合うことも大きな癒《いや》しになるでしょう。輪廻転《りんね》生を知れば、死を前向きに捉《とら》えることができるかもしれません。人の死は周りの人をスピリチュアルな世界に導く大きな役割を持っているようです。

死は単なる肉体からの卒業だ、だから怖れなくていい、というのはたましいの真理ですが、無理に感情を抑える必要はありません。本当につらいのなら、何年だって泣いていても、いいのです。食事ものどを通らず、仕事はおろか、息をする気にもならないほどの悲しみもあるのが現実だと思います。涙も涸《か》れ果てるほど泣くだけ泣いたら、きっと、人生っていったい何なのだろうと考えるようになるでしょう。新しい道が開けるかもしれません。

そして、やがて、必ず気づくことでしょう。

あまりにも早く終わってしまったわが子の人生だけれど、それは決して無駄なものではなかった。7歳で死んだ子どもは7年間を、18歳で死んだ子どもは18年間を、最大限に生き抜いたのだと。神様からのすばらしい贈り物だったのだと。あの子はもしかしたら、天使が自分の両親に大切なことを学ばせるために生まれてきて、そしてまた故郷に帰っていったのかもしれないと思えるようになるかもしれません。

「可哀想《かわいそう》な子だった」と悲しみ続けていれば、その子の人生そのものが可哀想になってしまいます。

亡くなった子どもが、自分たちの人生に登場してくれたことに意味を見出《みいだ》し、子どものたましいは、確かに今生を生き抜いた尊いものであったと親が確信するようになれば、子どもの短い一生は光り輝くものとなるはずです。

人の死に出会うことによって、私たちは、観念的ではなく、心の深い場所で、人生の本当の意味を知ることができるのではないでしょうか。それは同時に、生きることの大切さも目覚めさせます。すべての死は大切なものを遺《のこ》した人々に与えてくれます。

すべては一つだと気づく

不安になったとき、まるでみんなから切り離されて一人ぼっちになったような気持ちになることはありませんか？　孤独を感じたことはありませんか？

大丈夫です。人は誰もが、本当のところ、宇宙の大きな愛に包まれているのです。

あなたがどんなにもがいても絶対に宇宙と切り離されることはありません。私たちは誰もが一つの宇宙に属しているのです。

すべては一つです。

宇宙は、いつも地球を、そして人間を見守り、いろいろな形で私たちにメッセージを送ってきています。

すべてのことがうまくいくように、知恵を授けてくれているのです。

誰かに「こうしなさい」と言われたわけでもなく、何の脈絡もないのに、

「あの場所に行きたい」

「あの人に会おう」

「あれをしよう」

などと、ふと思うことがあります。

それが、直感です。あなたは、直感が浮かんだとき、どうしていますか？

「仕事が忙しくて休めないから、いま旅に出るのは無理だ」と諦《あきら》めたり、「あの人の都合を聞かなければ」と思っているうちに、どんどん時間が過ぎていきます。

そもそも、直感とは何なのでしょう。

実は、**直感は宇宙からのメッセージ**なのです。

宇宙はあらゆる知恵の無限の宝庫です。ふさわしいときに、ふさわしい人へ、ふさわしい知恵を送ってきてくれます。宇宙はあらゆる人に同時に無限のメッセージを送っていると言った方がいいかもしれません。

ただし、論理的なかたちで届くとは限らないので、受け取る側にしてみれば、なぜ

いま、こんな突飛な考えが浮かぶのだろうと思うこともあるわけです。

これからは、直感が浮かんだら、それを信じて行動してみるといいでしょう。宇宙からのメッセージを受け取るアンテナの感度が上がり、さらにいろいろな知恵を受信できるようになります。この直感はどこから来るのでしょうか。空のかなたから来るのではなく、実は自分の中から来るのです。自分の中と宇宙とは繋《つな》がっている、自分と宇宙はひとつと言っていいのかもしれません。

直感に従って行動する習慣がつくと、あれこれ思い煩って結局行動に移せず後悔する、ということがなくなり、意識が次第に広がって、自由に生きられるようになります。

僕にこのことを教えてくれたのは、精霊たちです。

1985年7月にアメリカ人の女性、リア・バイヤーズとアメリカの首都、ワシントンD.C.で始めて会ったとき、

「あなたに精霊サン・ジェルマン伯爵がメッセージを伝えたいと言っている」と彼女が言いました。

僕は半信半疑だったのですが、翻訳を終わったばかりの『アウト・オン・ア・リム』の中に、シャーリー・マクレーンが精霊のトムやジョンと話す場面があったので、受け入れる準備は整っていました。もちろん、自分が本当に精霊と出会うなどとは思ってもいませんでした。

リア・バイヤーズにワシントン郊外のホテルのロビーで会って、彼女を通して出てくるサン・ジェルマン伯爵という精霊からのメッセージを初めて聞きました。精霊が言うのには、「あなた方はシャーリー・マクレーンの本を訳しましたね。私たちがあなた方を使って翻訳してもらったのです。いま、地球は時代の変わり目に来ています。多くの人々が覚醒《かくせい》しなければ人類は生き残れないでしょう。シャーリー・マクレーンの『アウト・オン・ア・リム』は人々を覚醒させるための大切な本です。シャーリーにこの本を書かせたのは、私たちなのです。この本を日本に紹介するためにあなた方を使って、日本語に翻訳していただいたのです。これは、私たちの計画であり、私たちが見えない世界からしていることです」

それを聞いて驚きました。自分たちで全部やったのだ、と思っていました。しかし、そう言われたからと言って、にわかに信じられたわけではありません。とはいえ、翻訳などいままでに一度もしたことがなく、初めてだったにもかかわらず、とくにつまずくこともなく、すらすらと訳し終えられたことは、自分でも不思議だと思いました。

そのとき、リア・バイヤーズという女性を通して出てきた精霊はサン・ジェルマン伯爵だと名のりました。英語ではセント・ジャーメインといいます。最初の日、「あなたはセント・ジャーメインという名前を聞いたことがありますか？　セント・ジャーメインを知っていますか」と聞かれました。もちろん、そんな名前は初めて聞いたので、僕は「いいえ、知りません」と答えました。後になって、セント・ジャーメインという精霊の名は精神世界ではかなり有名だということを知りました。フランス革命の前後にも出ていますし、カリフォルニアの聖地、シャスタ山にも現れたことがある、ということをずっと後になって知りました。

サン・ジェルマン伯爵は「将来は、あなた方（僕と妻）と私たちは直接交信できるようになるでしょう」と言いました。僕たちはそんなことをしたいと思ってもいませんでした。直接交信するとはいったい、どういうことなのかな、と思ったことを憶《おぼ》えています。

後に、リアを通して伝えられたとおり、僕たち夫婦は「自動書記」というかたちで、サン・ジェルマン伯爵という精霊と交信することができるようになりました。毎日、精霊からメッセージを受け取り、いろいろ教えてもらうことになりました。自動書記とは、たとえば、ノートの上に質問を書くと、自動的に手が動いてメッセージがスラスラと出てくるのです。

わが家の場合、主に亜希子《あきこ》がメインのチャネラーになりました。僕はといえば、自分から出てくる「答え」に疑いと違和感があって、これは自分で作って書いているのではないか、という不安感があり、自動書記そのものがあまり心地のよいものではありませんでした。最初の頃は何回かしていましたが、そのうちに、自分で自動書記をするのはやめて、その方面の才能が豊かな亜希子に自動書記で交信してもらうというかたちになりました。

その日から今日に至るまで、亜希子を通して精霊からいろいろなことを教えてもらいました。どの精霊も同じことを言っています。『**人は死なない。私たちは永遠の存在である。人間は輪廻《りんね》転生をしている**』ということです。

地球が宇宙の一部であることは誰もが知っていますが、地球上に住んでいる私たち一人ひとりも、宇宙の一部（一員）であるとは、なかなか気づけないものです。精霊は、僕にその真理を教えてくれました。そして、すべては一つにつながっているのです。英語では「ワンネス」といいます。いまでは、すべては一つであり、すべてのものは一つのものからできている、ということもわかりました。

私たちは「宇宙の一員」であると言っても、人間が歯車の一つにすぎないということではありません。すべての人は、大いなる宇宙でたった一人の、かけがえのない大切な存在だということです。一人ひとりがみんな違っていて、誰一人として同じ人はいない、ということも、不思議です。この宇宙にあるものはすべてがかけがえのない存在だ、ということなのでしょう。

宇宙は大きな愛を持って僕たち人間を包み、一人ひとりに必要なメッセージを送ってくれています。それが、冒頭でお話しした『直感』というかたちで届いているのです。直感を信じることをおすすめするのは、そのためです。もう一つ大切なことは『気づき』です。気づきとは『真実に目覚める』ということです。「目からうろこ」です。

『直感』と『気づき』を大切にしてください。

普段の生活で感じることはあまりないかもしれませんが、人は皆、宇宙の愛の中に生きています。魚が水の中に住んでいるのを気づいていないようなものです。愛とはいったい、何なのでしょうか。愛をエネルギーだと考えてみましょう。愛は目に見えません。でも確実に存在するものです。

僕は宇宙そのものを愛だと考えるようにしています。

宇宙を愛と考えれば、**愛はどこにもある**、ということになります。

僕は愛が何なのかを知らない人間でした。

そう精霊に言われたとき、実はむっとしたことを憶えています。

精霊はある日、僕にこう伝えました。「トシは愛を知らない。だから今夜、教えよう」

トシとは精霊が僕のことを呼ぶ愛称です。

僕はあまり信じませんでした。『僕が愛を知らないなんて、ふざけているよ。僕は知っているつもりだ』と僕は思っていました。

その夜はあまり期待もしないで、寝ました。

でも朝方になって、夢の中で、宇宙に浮かんでいる地球の姿を見たのです。その姿はあまりにも美しいものでした。地球がじっとそこにたたずんでいた。それは厳粛な光景でした。そのとき、僕は、はっと、「**地球は愛の中に浮かんでいる**」と感じました。そして、思わず、すごく感動して、オイオイと泣いてしまったのでした。感動のために泣くということは人生ではそんなに起こることではありません。確かに地球は愛の中に浮かんでいたのです。それは僕にとって、大きな覚醒でもありました。地球上にいる僕たちはみんな愛の中に生きているのだ、と僕は悟ったのでした。

「どうしてそう思ったの？」と確か、遠藤周作《えんどうしゅうさく》先生に話したとき、聞かれました。僕は「わかりません。ただ、直感で、そうわかったのです」としか答えられませんでした。でも地球がなぜこんなにも美しいのか、自然や私たち人間をも含め、すべてがなぜこんなに美しいのかも、僕にはわかるような気がします。すべては愛の中にあるからです。

愛とはまるで空気のようなもので、水中を泳ぐ魚が水を意識しないのと同じように、人間もまた、宇宙の愛の中にいながら、そのことに無意識でいるのだと僕には思えます。

宇宙は、すべてのことが最善のかたちで運ぶように取りはからってくれています。だから人間は、安心してゆったりとこの宇宙に身をゆだねて生きてゆけばいいのです。無理をして頑張らなくてもいいし、物事がうまくいかないと自分を責めなくてもいいのです。

すべては愛の中にあり、すべては完璧《かんぺき》なのですから。

ものみなすべて、宇宙の大きな愛に包まれている。孫悟空《そんごくう》が、キント雲に乗って、どこまで飛んで行っても、おしゃか様の手のひらの上にいるというのはそのことを言っているのです。

さあ、宇宙からのメッセージに耳を澄ませてみませんか？　この本が宇宙からのメッセージかもしれません。

あなたの内なる声に耳を傾けてみましょう。

愛する人とは死後も会える

お互いに助け合うために人間は存在しています。
非難し合ったり、傷つけ合ったりするためではありません。
この大切な真理に気づかず、亡くなってしまう人もいます。
でもあの世ではきっとわかるはずです。
学べなかったことは、何回も生まれてきて、学び続けることでしょう。
気づくときに気づけばいいのです。
愛する人の死も、必要以上に怖れることはありません。
「輪廻転生」を知れば、縁あるたましいは何度もめぐり会うと知るからです。
あなたの愛する人とは、必ず、めぐり会うことになっています。
周りの人、縁のある人を大切にしましょう。

「輪廻《りんね》転生」という言葉も、だいぶ知られてきました。

でも、まだ信じられないという人も多いかもしれません。

「前世なんていうものがあるのなら、少しぐらい記憶が残っていてもいいじゃないか」という人もいますが、通常、僕たちが前世の記憶を持たないのには、ちゃんとした理由があります。

もし、前世の記憶が残っていたとしたらどうでしょう。記憶ばかりでなく、トラウマも引き継いできたら大変です。

「前世の時のような死に方では死にたくない」

という思いでいっぱいになり、生きること自体が苦しくなってしまうはずです。

まして昔となれば、飢え死にや戦死など、悲惨な最期が数多くあったことでしょう。戦火の中を生き抜いた人などは、二度と思い出したくない出来事もたくさんあるはずです。だから転生するときは、そういったつらく苦しい記憶がなく、新しくまっさらな人生に生まれてくるのです。でも時々、前世の記憶を持った子どもが生まれることもあります。人生の途上で、前世を思い出すこともあるかもしれません。デジャブという言葉があります。『前世で確か、同じような体験をした』という記憶です。旅をしたとき、確かに昔ここにいた記憶がある、という人に何人か出会いました。日本が大好きな西洋人などは前世で日本人だったに違いない、と言った人もいました。そう考えると、国は違ってもみんな同じ仲間なのではないかと、安心します。僕は記憶はありませんが、前世でアメリカ人だったことがあるな、と思えるときがあります。アメリカがとても好きですし、もう、何回行ったか数えられないほどです。ハワイに1年、シカゴに1年、ワシントンD.C.に3年住みました。カリフォルニア州にも全部あわせれば、1年ぐらいはいたことになります。

大蔵省に勤めていたころ、赴任していたワシントンD.C.で、アレキサンダー・エヴェレットという人のセミナーを受けたことがあります。

彼はもともとイギリスの教育者で、のちにアメリカに渡り、潜在能力開発プログラムの作成などに尽力した人です。「人が生まれ変わるのは、地球が太陽の周りを回っているのと同じくらい当然のことだ」と彼は言っていました。

彼のスピリチュアル・セミナーで、ある参加者が、「自分に前世があるのなら、それがどんなものだったかをぜひ知りたいのですが」と言いました。

エヴェレットはその人に、「無理に知ろうとしなくていいのです。今生を生きていくだけでも大変なのに、前世のことにまで囚《とら》われてしまったら、人生はますます複雑になってしまいます。人が輪廻転生すること、たましいは永遠の存在であることさえ知っていたらいいのです」と答えていました。

いまの人生を良く生きるためには「いまの瞬間を生きる」ことがコツだそうです。過去を引きずっていたり、未来を心配しないで、いまを生きなさいと言っているのです。前世など、今生での過去よりももっとずっと前のことです。前世を思い煩うより、今生のいまを大切に生きること。いまこのときを精一杯生きることに力を注げばいいのだと思います。前世を知らなければならないときは、その機会がきっとやってくることでしょう。

あなたにも、その機会が必ず来ます。自分のお気に入りの前世がわかるといいですね。

僕の場合は、初めて知った人生で、「殺されました」といわれて、あまり嬉《うれ》しくありませんでした。

それはすでに何回も書いているように、１９８５年に、リア・バイヤーズを通して、精霊のサン・ジェルマン伯爵に僕の前世を教えてもらったときのことでした。そのとき言われたのは、中国に生まれたとき、世の中をもっと良くするために反乱を起こして殺されたということです。ロシアでも革命を起こし、失敗し、獄中死したそうです。あまり楽しくない前世です。今生の人生と通じているな、と思えることは世の中を良くしたい、と強く思っているところです。中国の前生でもロシアの前生でも戦いを起こし、多くの人々を悲劇に巻き込みました。きちんと学んだことは、暴力では世の中は良くできないということです。今生では人々の意識を変えること、宇宙の法則を伝えることによって、愛と平和に貢献できたらいいなと思っています。

この瞬間、本当の自分を生きる

あなたの人生の主役は、あなたです。
あなたを人生の中心にドンとすえて、自信を持って、自分の人生を生きましょう。
自分の生きたい人生を生きましょう。
他人の思惑などはどうでもいいことです。
宇宙と人類を信頼しましょう。心配しないことです。
あなたは自分を中心に生きてはいけないと思っていませんか。
お国のためなら、命をささげますか？　家族のために自分を捨てますか？
思いっきり素敵なヒーロー、ヒロインになりましょう。あなたが主役です。

――あなたがストーリーを造るのです。自分が一番幸せになるストーリーを書いてください。

ほとんどの人は、前向きに生きたいと思っています。

過去を引きずるなんて意味のない行動だと、頭ではみんなわかっています。

ところが実際はどうでしょう。

「あいつにひどい目に遭わされた」

「自分はいつも誰かの犠牲になっている」

「あんな出来事さえなければ、自分はもっと幸せなはずなのに」

「人からもっとよく思われたい」

「自分なんて、ダメだ、アホだ」

などと、マイナスの記憶を日々反芻《はんすう》していたりします。

人はどうして、過去に囚われるのでしょうか。

幸せを感じたことや、楽しかった出来事を、思い出すのならいいのです。

ときどき幸福感を追体験するのは楽しいものです。でも過去は過去、過ぎ去ったことです。

ところが、人は、嫌だったこと、不愉快だったことをことさらに思い出そうとしがちです。それも微に入り細に入り……。そして、そのときの嫌な気持ちをまた味わうのです。おかしいですよね？　僕の好きな作家のエクハルト・トーレはペインボディということばで、自分の中の悪魔をいい表しています。ときどき、ペインボディが自分の中で活気づき、感情をひっかきまわしたり、落ち込ませたりするのだそうです。それもある程度、仕方がないから、許してあげましょう。

嫌な過去にどうしてもこだわってしまうのには、理由があります。不愉快だった出来事を記憶から消したいと思うあまり、逆に強く意識してしまっているのです。

どんなに不幸なことだって、単なる過去の一ページに過ぎません。それをいつも意識することによって、いまのこの現実まで不幸にしてしまうのです。

過去に囚われ、つらいという自覚のある人は、こう考えてみてください。

いまの自分で十分だ、大丈夫だと。もっと、自分を許そう。もっと自分を愛そう。

過去に囚われてしまう自分さえも許そう。愛してあげよう。いまは本当の自分が見えなくなっているだけ。自分を見失っているのだ。

最初からそう思うのは難しいかもしれませんが、自分はいまのままでいいと知っているだけでいいのです。自分のどんな感情もオーケーです。

間違っている人なんて、一人もいません。本当は人はそのままで、どんな人だって、すばらしい存在なのです。エゴが自分をダメだ、不十分だと荒れ狂っているのです。

ペインボディは実は思い違いに気づかないでいるエゴそのものなのです。

あなたは、あなたのなすべきことを、いまこの瞬間もきちんとしています。エゴが荒れ狂っていても自分を許してあげましょう。


日々を意識的に生きましょう。愛や平和、安心は、あなたの中に見つかります。

「家の中で失くした鍵《かぎ》を、家の外で探しても見つかるはずがない」

という寓話《ぐうわ》もあるように、あなたを救う鍵はあなたの中にあるのです。

あなたのエゴに対しても、優しくいたわってあげてください。


これまでは、自分の幸せを自分の外側に求めている人がたくさんいました。お金、地位、名誉……、これらを得れば、必ず幸せになれるという考え方がはびこっていました。

しかしいま、多くの人が気づきはじめています。

たとえば、お金。なさすぎても不自由かもしれませんが、あればあるほど幸せというわけでもありません。お金を持つと疑心暗鬼になり、近づいてくる人を見れば「あいつは自分のお金目当てだ」と思ってしまうこともあるかもしれません。そんな人生、楽しいでしょうか？

そう、みんなもうわかっているのです。

自分たちが探しているのは、お金でも、地位でも、名誉でもないことを。本当に探しているのは心の平和、そして幸せなのではありませんか。

不思議なことに、幸せになると、必要なものがどんどん手に入ってくるのです。

本当の自分に気づきましょう。**あなたを救えるのは、あなた自身しかありません。**

本当のところは、あなたを救う必要なんてさらさらないのです。あなたはそのままでもう救われています。あなたはいまのあなたのままでいい。それに気づけばいいのです。あなたはいるだけで愛そのものなのです。エゴが怖れているのです。エゴの怖れからではなく、あなたはいつも愛に基づいて行動しよう、と気がつけばいいのです。無駄な競争なんて必要ではありません。勝つ必要もありません。勝ち負けなんかどこにもないのです。あなたは人と較べる必要もありません。そのままの自分がどんなにすばらしいかに気がつけばいいだけなのです。自分が十分でないと思っているのはあなたのエゴです。

そう、みんな、自分らしく、あるがままを生きればいいのです。

自分を中心にしてください。他人の思惑なんか、気にしなくてもいいのです。

なによりも自分らしく生きてください。

どんな生き物も、「それ自身」になろうとしています。薔薇《ばら》の花は薔薇に、ゆりの花はゆりの花にです。比較もしない、自分以外になろうともせず、そのどれもがそのままで、完璧《かんぺき》です。

おたまじゃくしは蛙に、さなぎは蝶《ちょう》に、そして、いま傷ついている人はすこやかな人に。

自然に導かれてゆきます。安心して、身をゆだねていればいいのです。今日の笑いを大切にしましょう。自分に対して、微笑みを浮かべればいいのです。

あなたは、幸せになるために日々を歩んでいるのです。それがあなたのすばらしい道です。

つらい過去は、たましいを成長させるプロセスだったのです。

いま、この瞬間を大事に生きることが一番大切なのです。

未来はどんどん、花が自然に咲くようにひとりでに開けてくるでしょう。太陽はいつも昇ります。

そしてすべてを平等に照らしているのです。

みんな守られて生きている

見えない力の導きを感じたことはないでしょうか。
何か大きな流れに押されるように、人生の大事な局面を迎えたことはありませんか？
大切な人との出会い、別れ、生活を一変させるような出来事……。
それらはきっと、あなたを守ってくれている精霊が導いてくれているのです。
それはあなたが決めてきたことです。

精霊というと、日本人にはあまりなじみがないかもしれません。「守護霊」「指導霊」と言い換えることもできます。この世に生きるすべての人には必ず、その人を守り、導いている霊が寄り添っているのです。霊ということばが怖かったら、精霊、またはスピリット、天使などと呼び方はいろいろあります。

「自分を守ってくれているそれはいったい誰の霊なの？」と思いますよね？　その多くは、亡くなった両親、あるいは、おじいさんやおばあさんです。縁のある霊という場合もあります。指導してくれる霊を指導霊と呼びます。

守護霊の力を強くするには、いま生きている人に親切にすることとです。両親がいま、生きていれば、両親を大切にしてください。両親に自分を生んでくれたこと、育ててくれたこと、教育してくれたことに感謝しましょう。できれば、精いっぱい、親孝行することとです。するとあなたを見守っている祖先の霊が、あなたの行いをちゃんと見ていて、向こう側の世界からより一層、あなたを助けてくれるのです。

見えない世界のことがどうしてわかるのですか？　精霊がついている、天使がいる、守護霊がいるなんて、とても信じられない、まるで子どもだましみたい、と思われる方もいるかもしれません。僕だって、自分で体験してこなければ、こんなことは書かないでしょう。

１９８５年以降、サン・ジェルマン伯爵、聖フランチェスコなどの指導霊から、いろいろ教えてもらって、やっとここまで来たわけです。昔から信心深かった人たちが言っていたことと同じです。信心深くなりなさい。両親を大切にしなさい、と聞いたときには、驚きました。

僕の両親は残念ながら亡くなりました。父も母も亡くなるとき、「幸せな人生だったよ」と言って亡くなりました。父は79歳、母は１００歳でした。父の死はまだ、70代なのにと残念です。僕が最初の翻訳の本を出したのは父が亡くなってからのことです。父は本が好きでしたから、父に読んでもらえなくてとても残念です。でも死後、父からメッセージが来ました（亜希子の自動書記を通して）。

父は向こうの世界でも大変忙しそうでした。「もう、お前のことは大丈夫だから、一族で大変な人の方を助けにゆくからね」と言っていました。

向こう側の世界って、面白そうです。向こうからはこちらが見えるのでしょうか。時間のない世界とも言われています。でも正直言って、時間のない世界などは僕には考えも及びません。知らないことはきっと知らなくていいのでしょう。

無理して知る必要もないと思います。父も母も向こう側から僕たちの世界をみて、微笑んでいることでしょう。

どんな悩みや苦しみも解決できる

人間関係、仕事、お金、家族、病気……

たくさんの人が、問題を抱えて悩んでいます。

どうぞ、十分に落ち込んで悩んでください。悩みは大切なプロセスです。

悩みや苦しみさえ、必要なものです。宇宙は知っています。

山より大きなイノシシは出てきません。あなたにはあなたに解決できる問題しかやってきません。あなたには必ず解決する力があります。だから、大丈夫。

苦しい時間も、きっと越えられます。気づきが起こり、意識が広がれば、どんな悩みも解決するでしょう。

そして、いま以上にすばらしい自分になれます。

何か行動を起こせば、必ず結果がついてきます。

原因と結果の法則や因果応報なんていう言葉もあります。過去の行いに応じて、報いがあるという意味です。いいことをなせば自分にいいことが起こってくる。他人に悪いことをすれば、自分にその悪いことが起こってくるのです。「身から出たさび」という言葉もあります。新しい世界では、ことの良し悪しは判断しないで、いま起こっていることは、必ずその原因がある、と考えるようです。「引き寄せの法則」も自分に起こることは自分が引き寄せているのだと言っています。すると、自分に引き寄せた結果について、あれこれ自分を責めたり、くよくよ悩んでしまいがちです。

「あんなことを言わなければよかった」

「もっとうまくやっていれば、こんなことにはならなかった」

「別の方法もあったのに、なぜ思いつかなかったのだろう」

このように、自分を責めてしまうものです。でも自分を責めても仕方ありません。そこから何かを学んでいるのです。自分が必要なことを学ぶために、無意識のレベルで自分が引き寄せているのです。

過去は過去です。過去を悔やんでも始まりません。過去に起こったことはすべて必要があって起こったことなのです。そこから学んだのですから、いいことが起こっていたのです。

これまでの人生で苦しかったこと、つらかったことを思い浮かべましょう。

それらのつらい経験を得たからこそ今の自分があり、その経験から学んだことがあるはずです。

この世界で起きていることのすべては、宇宙の愛の中で起こっています。過去のできごとを変えることはできません。ただ、過去のできごとの見方を変えるだけでいいのです。過去に起きたすべてのできごとに「ありがとう」と言ってみましょう。その体験があったからこそ、人にも優しくできるようになった。自分を大切にできるようになった。すべてはプレゼントだったのです。

そうはいっても、すぐに見方を変えられるものではないかもしれません。それはそれでいいのです。過去を悔やんでいるいまの体験も必要でしているのです。さんざん苦しんだら、ある日、思いがけず、抜け出す日がやってきます。自分の運命は本当のところは自分で決めているのです。体験しなければならないことをたましいが知っている、ということです。

大きな気づきがやってくるために、大変つらい目に自分を遭わせているのです。

だから、困ったことが起きても、

「これは一つの通過点だ、ここから学びを得れば、宇宙はきっとすばらしい展開を用意しているだろう」と考えられます。すると、ゆとりが生まれ、前向きな解決方法が見つかります。いままでの人生で解決できなかったことはありませんでした。だから、何があっても大丈夫なのです。

運命は決まっているのでしょうか？　必ずうまくいくように決められているはずだから大丈夫だと考えられる人はそう信じましょう。**自分の運命の流れに乗ってゆこう。**そう考えられれば、後は好きなことを自由にどんどんやって人生を十分に楽しみましょう。

運命が決まっていると考えるのが恐ろしい人は、『運命は変えられる』と信じてください。

どちらも真実なのだと思います。それはあなたがどう考えた方が生きやすいかどうかで決めてください。

運命と自由意志について、僕は本当に長い間、あれこれと考えたものです。でも運命は決まっているのだから、一瞬一瞬を信頼して、安心して生きよう。良くないことは絶対に起こらないのだから、と分かってからは、人生が驚くほど好転しました。何があってもそれは良いことのためなのだからです。「引き寄せの法則」を僕はそのように使っています。

自分の思うことが実現するのです。たとえば、神がいる、と思う人には神がいて助けてくれますし、神なんかいないという無神論の人にとっては神はいないのです。そのどちらも自分の選択です。僕の目から見たら、神はいないと信じている人にも、神の力は及んでいる、ということになります。すべては愛の中の出来事ですから。

「運命が決まっているなら、個人の自由意志というものは存在しないの？」

とつい考え込んでしまった若い日のことを懐かしく思います。人生は自分の力では変えられないと思うと不安です。そんなときには、人生、過去だって変えられる、未来だって変えられる、と思えばいいのです。それが本当のことですから。

過去だって変わります。見方が変われば、悪いことだと思いこんでいたことも、すべては良いことだったのだと、変わるのです。

「すべては偶然ではない」、とスピリチュアルの世界ではいいます。偶然でないのなら、必然ということになります。必然ということは、すべてが決まっている、ということではないでしょうか。あなたの人生の場面、場面で、一番納得がゆくように使いこなしてください。

僕は、「運命100%、自由意志100%」だと考えています。

え？　計算が合わないって？　「運命と自由意志が50%ずつならわかるけど」って思いますか？

どちらを正しいと考えても、大丈夫です。

繰り返しますが、『偶然はない』とわかったら、すべては決まっていることになります。

たぶん神の視点からみたら、すべては決まっているのです。

ただ、この地上に生きる私たちの視点から眺めると、すべては私たちの意志によって、決定されてゆきます。私たちは一瞬一瞬、選択しているのです。

アラブ人は何があっても、神の思《おぼ》し召しだよと言って、自分の責任をとらないそうです。

それも困ります。すべては自分の責任とわかったうえで、自分に起こることは、すべて受け入れていこうと思います。

宇宙は、すべてのことを最善に運んでくれます。宇宙は人間のように意地悪ではありません。宇宙は愛に満ちています。もっと宇宙を信頼しましょう。

『明日《あした》のことは思い煩うな』とイエスも確か2000年以上前に言われていると思います。

神様を信じれば、神様が面倒を見てくれるようです。庭に飛んでくる小鳥たちが毎日、飢えもせず、よく食べ物が見つかるなあ、と僕はときどき感心します。彼らは神の愛の中に生きているのでしょう。生まれ、また死ぬときには死んでいきます。そして、何億年も命を繋《つな》いでいる様は本当に見事なものです。

人が成長する過程で、もう少し学んだほうがいいと宇宙が判断したとき、悩みや問題が起こります。そう見てみると、悩みも困難も、それを越えれば、ひと回り大きくなれるような課題なのかもしれません。そして、答えは常に自分の中にあること。自分を許し、いたわり、愛することです。自分を許せない、自分をまだ愛せない、自分を十分に愛せないと気づいたら、そういう自分も認め、許し、愛してあげましょう、と『なまけものの悟り方』のタデウス・ゴラスが言っています。

困ったことが起きても、それは「やっかいな問題」などではありません。自分で引き寄せているのです。自分でどんどん難しいほうへと考え、事態をややこしくしていませんか。他人のせいにしたり、他人を変えようとしたり、ものごとはこうあるべきだと考えたり、自分だけが正しいと思ってはいませんか。人に押しつけたり、コントロールしようとしてはいませんか。

問題はすべて「自分の中にある」と気がついたら、あなたはもうマスターです。

つまり、悩みや問題はあなた自身がつくり出しているということ。

困ったことが起きたら、

「自分の脳が考えていることは、いつも正しいわけじゃない」

「その考え方は、自分の思い込みかもしれない」

と、自分に語りかけてみてください。「それは本当に問題なのですか?」

自分の思い過ごし、思い込みの激しさ、偏り、偏見かもしれません。エゴは絶対にそれを認めたくはありません。エゴはいつも自分が正しいと思っているのです。

ここでも、「山より大きなイノシシは出てこない」を思い出してください。

つまり、あなたの手に負えない問題なんて無いのです。

自分で問題を作り上げているのです。

あなたの元に来た困難は、必ず、あなたが解決できる問題です。何かに気づけば、あっという間に天国にいけるかもしれません。

最後に一つだけ、大事なポイントを。

宇宙によって運命は決められていると言いましたが、その事実を、あきらめの正当化に使っているようでしたら、その敗北主義はいただけません。あなたのエゴはとてもずるがしこく、自分でさえもだますことがよくあるものです。

あなたはすばらしい。あなたの将来は輝いているのです。敗北なんて本当はないのです。

運命は存在しますが、悪い運命などはありません。あなたはついに愛を発見するでしょう。あなたは幸せになります。あなたの運命は、あなたと宇宙の共同作業で決めているのですから。あなたも宇宙も愛そのものなのです。

一人ぼっちの人なんて誰もいない

この世界に一人ぼっちの人なんて本当はいません。

皆、つながっています。一つの存在であり、
宇宙に存在するものはすべて大いなる宇宙に守られています。

すべては一つだと、体感することがあるでしょう。

宇宙の一部である僕たちは、
まるで身体の細胞がつながって一つの身体を生かしているように、お互いに影響し、助け合って生きているのです。

この地球が大切な僕たちみんなの共同体だと知る日が必ずやってくるでしょう。

人は肌の色、人種、国籍を超えてみんな同じ仲間だとわかる時代がやってきます。

他人を非難したり、口汚く攻撃している人を見ると、どうしてそんなことをするのかな？　と思いませんか？

本当のところはみんな友達です。意地悪だろうが、周りから嫌われていようが、どんな人でも大切な存在です。

ちょっと考えるとさらに、見えてきます。

「なぜ非難するのだろう」と思っている心もまた、他人を判断し、非難しているのかもしれません。「ワンネス」から見れば、他人も自分も一つですから、他人を非難していることは、自分を非難していることになります。自分を大切にすることは、世の中全体を大切にすることと同じです。まずは自分に優しくしましょう。

自分に十分に優しくできたら、そして、自分が十分に幸せになったら、きっと、あまり他人を非難しなくてもすむようになるでしょう。英語では「allowing」という言葉があります。すべては、あるがまま、そのままを許していくと、人生がとても生きやすくなります。

もう少しポジティブな例を挙げてお話ししましょう。

いつもみんなから慕われ、周りに人があふれ、笑顔の絶えない人がいます。では、その人の周りの人を見てください。同じように、魅力にあふれた人たちがいっぱいいませんか？　世の中には『引き寄せの法則』が働いているのです。同じものが、引き寄せあっています。

人々の魅力、笑顔、思いやりの波動は、人から人へと、どんどん広がっていくものです。

ちょっと周りを見渡してみましょう。

イキイキした人がたくさんいるなあと思った人、それは、あなたの心が生命力にあふれ、活動的になっているからです。

逆に、この頃、人の悪口をよく聞くし、マイナス思考の人が多いなあと思う人、それは、あなたの心が少し元気をなくしているのかもしれません。ネガティブな考えに囚《とら》われているのではありませんか？

身の周りの人やできごとを観察してみると、自分の心の状態がわかるものです。鏡の法則です。**自分の周りに見えるものは自分を映し出しているのです。**

人と人とはつながっています。

そして、いつもお互いに作用し合っているのです。どこかでチョウチョウが羽ばたくと地球の裏側までも何らかの影響があるそうです。

僕たちは宇宙に守られた「一つの存在」であり、みんな一緒に進んでいます。

たとえ、一人ひとりの居場所や進むペースは違っても、ともに歩む仲間です。

自分が一歩進めば、ほかの人の一歩を助けることになります。

同じように、ほかの人の一歩が、自分の一歩を力強く後押ししてくれます。

すべては、一つ――この考え方を、「ワンネス」といいます。

「一つの存在」であるぼくたちは、共に宇宙の流れに乗っています。

すべては宇宙の大きな流れの中で起こっています。

常に順風満帆とはいかないかもしれません。

この宇宙全体が愛のエネルギーでできていると考えると楽しくなります。

もちろん、地球そのものも愛のエネルギーでできています。

私たちの一人ひとりも実は愛からできているのです。

そう考えると、すべては愛の中で起こっている愛の行動なんだな、と思います。

どんなできごとも愛の中で起こっている愛の行動だという視点からものごとを見ることができれば、ものごとを許しやすくなるような気がします。

相手を非難するのではなく、許すことです。愛の行動としてみることで、僕はすべてを許し、受け入れやすくなったような気がします。どんな嫌な人も、愛だと思うようにしています。愛だと気づきさえすれば、微笑が浮かびます。


さて、僕たちが宇宙の流れに乗ってポジティブに進んでいくために、心がけたいことがあります。

それは、自分を信じることです。

どんなに過酷な状況にあっても、自分の力を信じてください。

自分を信頼することは、宇宙を信頼することと同じです。

「一つの存在」の僕たちは宇宙の一部であり、宇宙と一つだからです。

自分を愛することは宇宙を愛するということです。

すべては自分から始まります。自分が今の自分をどう思っているか、という問いかけはとても大切です。自分のことは好きですか？　自分を大切にしていますか？　自分の良さに気がついていますか？　「自分を愛する」、ということをキーワードに進んでいきましょう。

『自分だけよければいい』とは正反対のことです。

世界は良い方向へ向かっている

このまま科学が進歩し続けると、地球が滅びるとか、核家族化が進んでいって、親子関係が崩壊するとか、自殺者がどんどん増えてゆくとか、未来を心配し、憂う声が聞こえます。

世界は良い方向に向かっていると信頼しましょう。

戦争を繰り返していた『魚座』の時代、2000年間より、僕たちが今いる『みずがめ座』の時代のほうがずっと平和になります。

本当の自分を知って、目覚める人々が大量に出てきます。

人類の危機を救う人々もたくさん生まれてきます。

そして、これからはさらに最高の時代になってゆくでしょう。

人類は、どんどん豊かに便利になっています。

飛行機に乗れば、翌日には地球の裏側まで行くことができます。

インターネットが発達して、世界中で起きていることを、瞬時に知ることができるようになりました。とてもいい時代になりました。僕たちは最高の時代に生きています。

それなのに、世の中が発展していくことをマイナスにとらえてしまう人がいるのは、なぜなのでしょう？

「人間のエゴで自然が破壊され尽くしてしまう」

「コンピュータのせいで人の心が荒《すさ》み切っている」

「年長者を敬う気持ちを持たない若者が増えた」

昔の方が良かった……。保守的な人たちは、すぐ口にします。

でも、考えてみてください。本当に昔のほうが良かったのですか？

いまのほうが、はるかに素晴らしいと思いませんか？

私たちは核兵器は廃絶しなければならないと気づき始めています。

地球の環境を守るために多くの人々が動き出しています。

アメリカでは黒人の大統領が出ています。

女性が最高リーダーとなっている国もあります。

人種差別や戦争がいけないことだとわかっている人が増えています。

世界中で、戦争反対のデモ行進が行われていますし、実際に戦争している国の人々が、そうしたメッセージを流すことも可能です。

時代は、間違いなく良い方向に向かって進んでいます。だから心配しないで、安心していいのです。目覚める人々が多くなっています。

目覚めれば、どんなことが起こっても、大丈夫、波を乗り切ることができます。自分の本当の使命に目覚める人がどんどん増えてゆくことでしょう。自分の使命こそ、この地球上に愛と平和と自由を広めること、人種、肌の色、宗教、国籍、男女を超え、すべての人々が平等に扱われ、幸福を追求できる環境が作られてゆくことだと気づく人が増えてゆくことでしょう。新しい世代をになうエゴの少ない子どもたちが生まれてくることでしょう。生まれたときから、愛と平和と自由が大切だと知っている世代です。

クリスタル・チルドレン、レインボウ・チルドレンと彼らはよばれています。

そもそも、どんな社会不安も、すべては僕たちの思いがつくりだしているにすぎません。それが真実だと思い込んでいるだけで、実は幻想なのです。

「世界経済は破綻《はたん》に向かっている」

たとえば、こんな論評を、新聞やテレビでよく目にします。そして、たしかに、いま世界のあちこちで経済危機が叫ばれています。

しかし、実際には「世界経済は破綻に向かっている」と思い込んでいる人が多く存在し、それが幻想をつくりだしているだけのことです。自分の中にある怖れをよく見てください。

ベルリンの壁崩壊を思い出してください。

共産主義はまだまだ続くという思い込みから抜け出せない人々が、絶望的な論評を繰り返していましたが、真実は違いました。ソ連の共産主義は間もなく崩壊するよ、と1985年に精霊から聞いたときには、そんなことはありえない、と思ったものでした。私たちだけで将来を変えてゆくのではなく、見えない世界から、私たちの祖先や、亡くなった人たちが、日々、最大の努力をして向こう側から応援してくれているのです。

間違った思い込みから抜け出せば、真実に目を向けることができるようになります。

世界は素晴らしい方向に向かっているのです。自分の使命や自分の本質に気がついた人々が増えれば増えるほど、さらに世界はいい方向へと向かいます。

いま人類は大きな転換期を迎えています。素晴らしいことに、たくさんの人々が動き出しています。

以前はスピリチュアルなことなど口にしたら「変な人」と思われてしまったけれど、いまではそうではありません。スピリチュアルな本を読んだり、自分を知るセミナーに参加したりして、多くの人々がたましいや生命の本質に目覚めつつあります。

その結果、お互いに助け合い、美しい環境を守ろうとする人が一人また一人と誕生しています。

あなたもその一人です。

だから大丈夫。安心して、自分の愛の波動を高めてゆきましょう。

波動を高め世界が良くなる言葉

『思考は実現します』
『欲しいものを望みなさい』
『あなたには無限の可能性があります』
『夢は大きく持ちなさい』
『夢は必ずかないます』
『あなた自身になりなさい』
『自分に優しくしなさい』
『楽しいことをしなさい』
『すぐ始めなさい』
『私たちは神と一つです』
『私たちが創造主です』

『私たちは永遠の存在です』
『この世には愛しかありません』
『すべてはあるべくしてあり、すべては良いことです』
『宇宙を信頼しましょう』
『あなたの本質は愛です』
『自分を愛しましょう』
『あなたはいるだけで、世界に愛を広げています』

第二章

病気も老いも人生の恵み

病気と老いの話

病気は人生を変える貴重な経験

病気を不幸だと思うのは間違いです。恵みかもしれないのです。

病気は、生き方を変える大きなチャンスです。

自分の人生の方向を変えるきっかけにもなるし、自分の生き方にどこか問題があるというサインかもしれません。

人生に、意味のないことは起きません。

どんなことでも、貴重な体験だと受け入れ、そこから大切なことを学びましょう（受け入れの法則）。

『アウト・オン・ア・リム』の日本語訳を終わった頃から、僕は病気になってしまいました。その後、永遠とも感じられるほどの苦しみを味わうことになったのです。

症状は、急に息が苦しくなって呼吸ができなくなるというものでした。いままで経験したことがなかったので、最初のころはいったいなんの病気なんだろうと思っていました。

子どものころからアレルギー体質で、春になって山に遊びに行ったりすると、自分では気がつかないまま、どこかで漆の新芽に触ったのでしょうか、ひどくかぶれるということがありました。

かぶれで顔がはれ上がって、目も開けられないということもありました。ホウ酸を溶かしたお湯で、目の周りを洗って、やっと目が開けられるようになりました。もともとかぶれやすい体質でした。頑健な体というより、ひ弱な優等生を絵に描いたような子ども時代だったのです。

なんとか大病もしないで、無事に大人になり、それまで、普通の人並な生活をしてきました。しかし、ワシントンD.C.での3年間の生活を終わるころから、いままでに体験したこともないような呼吸困難に陥るようになりました。

最初は自分に何が起こっているのかわかりませんでした。アメリカで病院に行き、黒い小さな丸薬をもらうと、呼吸はすぐに楽になりました。それは僕の特効薬のようなものでした。あとでわかったのですが、それはステロイドの丸薬でした。あまりに良く効くので、素晴らしい薬だと勘違いしていました。ステロイドは副作用があるとても危険な薬だとは後々になって気がつきました。最初は何も知らなかったので、ステロイドを処方してくれる医者は名医だと勘違いしていたのでした。それほど、自分の病気に無知だったのです。

日本に帰ってから大蔵省の課長になりましたが、ときどき発作を起こすようになってしまいました。あるとき、とても発作がひどく、とうとう、救急車で虎《とら》ノ門《もん》病院に運ばれることになってしまいました。救急車で運ばれている自分を自分の身体の外から見ているような気持ちで、ピーポーという音を聞くのは悲しいシーンです。病名は気管支喘息《ぜんそく》。そのまま即、緊急入院でした。かなり危険な状態だったのです。

その後、とりあえず退院の許可が出て家に帰ったものの、その後も、発作はたびたび起きて、苦しみました。ついには大蔵省の課長の業務にも支障が出るようになりました。韓国に出張して、仕事をし、夜の宴会の席でもゼーゼーしてしまい、苦しみました。大蔵省では病気の人にあまり重要な仕事をまかせておくわけにはいきません。次の7月の配置換えのときには発作が起きても休めるような仕事の楽な部署に異動させてもらいました。

しかし、病状は悪化するばかりでした。有給休暇もとうとうなくなってしまうほど、仕事に出られない日も多くなってしまいました。有給休暇がなくなると、今度は減給しなければならないというのです。そして、自分でも、もう仕事は辞めなければならないだろうと、覚悟をせざるを得ませんでした。当時の僕は40代半ば。いわゆる働き盛りです。それまで、大蔵省での仕事はとても充実していました。公務員として、これからやりがいのある仕事ができるようになる、というときだったのです。

これまで、マレーシア大使館、ハワイやシカゴでの大学院留学生活、ワシントンD.C.の世界銀行勤務などの海外勤務を経験し、自分には国際関係の仕事が向いているような気がしました。外国暮らしが合うと思った僕は、将来は、国際機関の日本代表になって国際的に活躍したいという夢もありました。公務員としての仕事に未練があり、執着もありました。世間からエリートと呼ばれ、健康であれば、将来はいろいろな面白い仕事が待っていることも確かでした。日本国政府という大きな後ろ盾を背景に、海外では、実力以上のポストにつけてもらえるので、まさに前途洋洋。自分の世間的な出世にも未練がありました。

しかし、体がいうことをきかないのではどうしようもありません。ある日、通勤途上で駅の階段も上れなくなってしまった僕をみて、家内も、もう仕事は辞めてくれたほうがいい、と思ったようでした。

大蔵省に辞める意思を伝えたところ、慰留してはくれましたが、僕の決心は固いものでした。何か職場の人間関係で嫌なことがあったのではないか、と親切に聞いてくれる同僚もいました。もちろん、変な上司はどこにでもいるものですが、人間関係で嫌なことがあって、辞めるのではありません。表面的には病気が原因です。病気になったから、すぐに辞めるという例はあまりなかったようです。何しろエリートコースといわれる職場ですし、就職したいと思う人はたくさんいても、成績などの関係から、なかなか採用してくれない特別な職場でした。

僕たち夫婦の将来を案じてくれた大蔵省は、今度は家内を人事課に呼び、これからの生活を心配してくれました。彼女は、「二人とも英語の力もあるから、なんとか食べていくには困らないと思います。子どももいないし、二人だけですから」と答えました。

司法試験に合格していたこともあり、大蔵省を辞めても弁護士になれば、なんとかやっていけるだろう、と思っていました。

大蔵省を辞めてからは、いつ治るかわからない喘息との闘病生活が始まりました。どこか心の奥底では、公務員を辞めれば、神様のお許しが出るだろう、病気もほどなく治るのではないかとの期待もありました。公務員のエリートコースに乗っている自分に罪悪感があったのかもしれません。

ところが、仕事を辞めればよくなるだろうと思っていたのに、辞めてからも、病気はさらに悪化の一途をたどりました。発作が始まると、息ができなくなって、地獄にいるようなものでした。毎回、36時間ぐらい苦しむというパターンも見えてきていたのです。

でも、不思議と精神的には落ち込みませんでした。おそらく病気をすることが、いまの僕の仕事かな、これは自分にとっての修行なのだと心のどこかで受け入れていたのだと思います。

精霊からは「絶対に死なせはしないから、病院に行ってはいけない。薬も飲んではいけない。たくさん水を飲みなさい。食事も変えなさい、肉や魚の動物性のものは食べないようにしなさい」と言われました。

正直、「えー！　それはないじゃないか」と思いましたが、病気を治すためには精霊の言うとおりにしなければなりません。この頃、夫婦で二人とも精霊の言うことを固く信じるようになっていたのです。

妻も協力してくれて夫婦での闘病生活が始まりました。発作が起きても、医者にも行かず、薬も飲まず、ただ発作の嵐が静まるのを待つだけの我慢と忍耐の毎日でした。それもいつまで続くのか、先の見えない日々でしたから、今日一日を耐えて生きる他には手立てがありませんでした。あまりにつらくて、僕が弱気になって、「やっぱり医者にかかろうかな」と言い出すと「もう少しだと思うわ。がんばって」と妻が励ましてくれました。僕が死んだら、自分も死ななければならない、と思ったそうです。

医者にも見せないのですから、事件になります。逆に家内が弱気になると、「僕は我慢するから、精霊の言うように、医者には行かないよ」と僕ががんばりました。このシーソー関係があって、長い道もがんばれたような気がします。

家内にとっても地獄のような日々だったと思います。なにしろ、医者にも見せないので僕が死んだら、夫を殺したことになってしまうかもしれないのです。

生き地獄のような日々は、3年間続きました。でも毎日が地獄というわけではありません。発作がない日は穏やかな日々も沢山ありました。2匹の白いヴィションフリーゼという種類の犬をアメリカから連れて帰っていましたので、犬たちが慰めてくれました。犬の毛やほこりが喘息の原因だと言われても、犬たちと離れることはできませんでした。

ただ、僕は身体が弱っていて、3年間はよほどのことがないと、ベッドから離れることができませんでした。

その間、精霊からのメッセージを毎日、受け取り、見えない世界との交信も普通のようになりました。闘病生活が3年以上続いたある日、僕も家内も、なんとなく、もう病院に行ってもいいかな、という気がしました。夫婦の思いと意見が一致したのです。

タクシーで行けるところにある、町田にある喘息《ぜんそく》の専門医、中山医院に治療を受けにゆくようになり、それからは、薄紙をはがすように一歩一歩、喘息は快方に向かいました。しかし、薬が効き始めてからも、良くなったり、悪くなったり、一進一退していました。完治するまでにはさらに、4年あまりかかりました。病気から抜け出すのに7年の歳月がかかったわけです。

病気は心身の浄化であったと、今ならわかります。

心のどこかで、「大蔵省の役人という職に就いている僕は、選ばれたエリートなのだ」と、うぬぼれていたようです。僕のエゴを退治するには7年間ものかなりの痛めつけが必要だったのです。

すぐに病院に行って現代医学の薬の力を借りて、治癒していたら、何も学べず、おごり高ぶったままだったことでしょう。真理を悟るのに必要十分な苦しみを、神から与えられたのかもしれません。結局、病気を治してくれたのは科学的な薬品だったということは、ちょっと面白いことかもしれません。科学的な医学も本当に貴重な神の道具なんだと思います。

「病を得る」とはよくいったものです。病気をきっかけに、僕は無意識に持っていた古い考え方を脱ぎ捨て、不健康な肉体の体質改善をはかり、生まれ変わることができました。

エゴのかたまりである傲慢《ごうまん》さや世俗的な執着心は次第に少なくなり、人は皆かけがえのない平等な存在で、宇宙の元で一つなのだと、いまはわかります。そして、誰に対しても優しくなったと思います。もちろん、健康の大切さは身をもって理解できました。

病気は、私たちの意識を変えるために、とても大切な役割を果たします。決して忌むべきものではなく、大きなチャンスでもあると思っています。

病気は自分で引き寄せている

病気の原因は、マイナスの感情をため込むことだという説があります。

病気を引き寄せているのは、多くの場合、自分自身なのです。

心と体からのサインを、きちんと受け取りましょう。

「もっと自分を大切にしなさい」と、内なる声が、あなたに教えてくれています。

その声に気づき、自分に優しくし、いたわることができれば、ずっとすこやかでいられます。

自分の健康管理は自分の力でしなければなりません。

自分を愛することは自分の健康を保つことでもあります。

病気は誰にとってもつらいものです。

かかっている本人はもちろん、看病をする周りの人にとっても大変な試練であることは、言うまでもありません。

「どうして自分だけがこんな目に遭うんだろう」

「ついてないなあ」

こんな言葉がつい口をついて出てくるかもしれません。

でも、病気は、あなたの心と体からの大事なサインなのです。

僕は40代半ば、仕事に一番脂がのっているときに、勤め先の大蔵省を辞めざるを得ませんでした。前にも書いたように、ひどい喘息になってしまったからです。

気づかなかったけれど、自分では認めたくないのですが、出世競争というストレスもあったのかもしれません。

しかし、僕は病気になって良かったのだと思っています。

あの病気があったからこそ、仕事も変わり、いまは、幸せに生きているな、と心から思えるのです。

病気から学んだことはいまでは僕の貴重な財産です。

病気は、僕のたましいの成長にも大きな役割を果たしました。病の渦中でいろいろな不思議なことにも出会いました。たとえば、自分に対する大きな気づきがあって、ふと、空を見上げると、そこに大きな虹《にじ》を見たこともありました。感謝できるようになって、初めて病気が回復に向かうという体験もしています。病気になって何年かたったとき、自分が海の底まで泳ぎついて、海底に触ったというヴィジョンをみました。あとは海面まで、上昇してゆけばいいのだ、という直感がありました。これから回復に向かうというサインだったと思います。

もう一つ言えるのは、病気を引き寄せているのは自分自身だということです。

では、どんな人が病気を引き寄せるのでしょうか。


それは、感情を押し殺している人です。

赤ちゃんの頃は誰でも、お腹がすいた、おむつが濡《ぬ》れた、暑い、寒い、抱っこしてほしい……いろいろな感情を、「泣く」という行動でありのままに表現していました。

しかし、成長するにつれて、いつも泣いているわけにはいかなくなります。

人間関係では、我慢したり、自分を抑えたりしなければならないことも増えていきます。

嬉《うれ》しいからといって大げさに喜んでは大人げないと、プラスの感情すら表現できない場合もあるかもしれません。はしゃいでいる、と悪口を言われるかもしれません。あまり幸せそうだと、やっかまれるかもしれません。

そんなことが度重なると、だんだん感情表現そのものができなくなっていきます。さらに、自分が何を感じているかさえわからないようになっていきます。

これはとても怖いことです。

表現しない感情がつらいものであればあるほど、それが心の中にたまり、無意識のうちに体の弱い部分に負担をかけます。

マイナスの感情がたまりすぎて、キャパシティーを超えそうになると、心は必死でサインを送ります。しかし、感情の動きに鈍感になってしまった人には、それがうまく届きません。すると、心身は耐えきれなくなって病気になってしまうのです。心の弱い人はうつ状態になってしまうかもしれません。

どうか、心の声や体の声を聞いてください。

心身からのサインは、不安や不眠、イライラ、肩こりや腰痛、ひどい疲れなど、いわゆる不定愁訴として表れることもあります。そんなときは必ず、きちんと自分をいたわってあげてください。サインに気づいたら、自分の感情をよく見つめてみましょう。そして、その抑圧された感情に光をあて、自分に優しくしてあげてください。ときにはスピリットダンスなどをして、声を張り上げ、感情を解放してあげるのがいいのです。大声で泣くのもいいかもしれません。なかなか簡単にはいきませんが。

もし、サインに気づけず、病気になってしまったら、病気をポジティブに受け入れることです。気づかないまま、自分の精神や体をきつい目に合わせていたのだと、気づきましょう。

病は、必ず自分自身に大きな学びをもたらします。自分をもっと大切にしなければいけない、とわかりますし、自分の独善的な考え方に気づくかもしれません。

僕は、病気をした後、無意識に身につけていた誤ったエリート意識を捨てることができました。そして、この世のあらゆる人は、すべて等しく重要な存在なのだと理解できました。いまはすべての人を愛《いと》しく思っていますし、多くの人が幸せになれるように自分が楽しめる、いろいろな活動をしています。だからとても幸せです。

自分のなかのエゴに気がつき、エゴを脱ぎ捨てるまでは、何かと大変な思いをするものです。

病気以外にも、さまざまなアクシデントや困難なトラブルを引き寄せることもあります。

でも、それらはすべて、本当の自分に気づくための貴重で、尊いレッスンなのです。大丈夫。学びを終えたある日、平和な夜明けがやって来ます。鳥の声に気づき、朝の光の美しさに気づくことでしょう。

蛇に脱皮の時期が訪れるように、あなたはあなたのエゴから必ず抜け出せます。

そして、自分を心から愛することができるようになり、たましいのゆるぎない幸福がやってくるのです。自分の中に目を向けることをお勧めします。自分を許し、愛し、感謝しましょう。いままで十分に愛していなかったことを自分に謝るのもいいでしょう。

うつも引きこもりも必ずよくなる

人生行路においては、たましいの成長に必要なことが次々と起こります。

ひどいことが起きているようでも、実はいいことが起こっているのです。

あなたに何か必要なことを気づかせるために起こってきます。

すべては貴重な経験なのです。

どんな状況がやってきても、来ることには抵抗せず、一つひとつを感謝して受けとめ、乗り越えてゆきましょう。乗り越えられないトラブルはやってきません。

明けない夜はありません。山より大きなイノシシは出てこないのです。

あなたはすべてを乗り越えられます。

うつ病になる人が年々増えています。

昔はなかなか理解されず、「怠け病」などといわれた時代もありました。

しかし、昨今では研究が進み、心の病気として認知されています。

どんな病気でもそうですが、長引けば、周囲の人も苦しみを味わいます。

とはいえ、「気の持ちよう」だとか「もっとがんばって」といった言葉をかけるのは、患者さんをよけいに苦しめることになります。

れっきとした病気なのですから、いいお医者さんにかかり、必要な薬を飲むなど、適切な治療を受けられるようにサポートしてあげるのがいいと思います。同時に、自分のことを自分がどう感じているか、子どものときからのことを思い出してみる必要があると思います。

さて、うつ病と診断される前には、気持ちや体のちょっとした不調が表れる場合が多いものです。

気持ちの不調の例としては、わけもなく不安になったり、度が過ぎた心配をしたり、涙もろくなったりといったことがあります。

体の不調としては、たとえば、眠れない、朝どうしても起きられないといったことや、動悸《どうき》や息切れ、食欲低下、体の痛みなど、多種多様あるようです。

これらの不調を病気になるほどこじらせないようにするには、自分の心や体を日頃から観察する習慣をつけることが大切です。

あまり神経質になってはいけませんが、「あれ？ いつもと違うな」「なんだか調子が悪いな」と感じたら、それを無視しないでください。

また、昨今よく耳にする引きこもりも、心身の不調が高じた状態です。不登校や出社拒否から始まり、深刻な状態になっている人が増えています。

きっかけは十人十色ですが、人間関係のもつれが引き金になる場合が多いようです。ストレスの多い社会、対人関係など、それを意識していなくても、心は重圧を感じているのかもしれません。

この社会で生きていくには、いろいろなタイプの他者と関わらなければなりません。違う考え方の人間同士が一緒にいれば、ときにはぶつかったりすれ違ったりするのは普通のことです。

そんなとき、やみくもに相手とぶつかって状況をさらに悪くすると、さらに消耗してしまいます。さりとて、くすぶる思いを心のうちに閉じ込めているのもよくありません。

感情の持って行き場がわからなくなったら、自分に質問をしてみましょう。

他人について、あるいは起こっている出来事について、自分が感じていることは本当に本当だろうかと考えるのです。もしかしたら思い込みかもしれません。自分の思っていること、目に見えているものがすべて正しいとは限らないものです。

相手の気に入らない面、自分とは合わない面だけを見ていれば、心はマイナスの感情に囚《とら》われ続けます。しかし、「嫌な奴だけど、ほんの少しいいところもある」と、角度を変えて見てみれば、心はグンと楽になります。実は一番嫌な人物ほど、自分にとっての、一番の先生なのです。あなたが大切なことを学び終わったとき、嫌な人間は役割を終わって配置換えになったり、転勤になったりしていつのまにかいなくなるかもしれません。本当は優しい人だったと、あなたが気づくかもしれません。

そして、それをきっかけに、「自分とは何者？」「自分はいま、幸せ？」「自分が本当に求めているものは何？」と考え、自分をしっかりと見つめる絶好のチャンスを与えてくれているのかもしれません。

心の奥から答えが返ってきたらしめたもの。あとはその声に従って、思い通りに生きるだけです。人を変えようとしても無理です。自分を見つめて、自分が変わるきっかけに使えばいいのです。

たましいの成長の過程においては、自分だけの狭い世界から抜け出すときが必ずやってきます。ときには何らかの痛みが必要なのでしょう。悩みや問題は、成長のステップです。

前に進むためには、思い込みや偏った考え方、エゴやプライドといったよけいな荷物を捨て去る必要があります。自己卑下や被害者意識など、自分を傷つける思いも捨てなければなりません。心にこびりついたものに気づく作業はなかなか大変な作業かもしれませんが、ときが来れば誰にも気づきが起こり、きっと新しい自分を発見できます。早道のコツは自分の外に原因を探さないで、自分の中を探すことです。すべては自分です。

人生で起こる問題は、すべて自分自身の生き方を問うきっかけになります。能動的に、しかも、もっと楽に生きられるようになるチャンスなのです。

失敗や間違いなんて、人生に一つもありません。大事なことを学ぶためにその体験が必要だから、自分が引き寄せているのです。『引き寄せの法則』で大切なことは、すべては自分が引き寄せていると、心から気づくことです。運が悪いのではなく、運がいいのです。何が起きても大丈夫です。起こっていることは貴重なレッスンを含んでいるからです。自分が学ぶために自分のたましいが引き寄せているのです。

患者自身こそ最高の医者になれる

病気になり、なかなか快復しないとつらいですね。

夢や希望を見失いそうになります。

でも、どうかあせらず、苦しい時間を黙々と過ごしてください。

やっとの思いで暗いトンネルを抜けたとき、苦しみのおかげで人生を生き抜く大きな自信がついたことに気づくはずです。

僕は大蔵省の役人でした。

水が合っていたのか、仕事はとても楽しくできました。22年間のうち、4年間は外務省に出向し、アジア局に1年、マレーシアの日本大使館に3年いました。そのほか、国連大学に2年、世界銀行に3年いました。外国暮らしの経験を増やすうち、

「将来は国際機関で働こう。僕が望めば、大蔵省は出向させてくれるだろう」

と思うようになりました。外国での生活はとても自分に合っているようだし、仕事としてもやりがいがあると思っていたからです。

いま思えば、心の内では、さまざまな役得のある公務員という職に執着していた自分がいました。

しかし、僕はその大蔵省を辞めることになります。

原因は、ひどい気管支喘息《ぜんそく》です。

精霊からのメッセージを受け取れるようになっていた僕は、

「これも何かの導きかもしれない。大蔵省を辞めれば、元気になるお許しが出るんじ

ゃないかな」

なんて、下心めいた思いを抱いていました。

仕事を辞めたあと、僕は病気と闘い、妻が翻訳の仕事をする日々が続きました。僕の看病をしながら仕事をしていた妻は、とても大変だったと思います。外出しても、用事が終われば一目散に帰宅する日々でした。

そのうえ、献身的な看病にもかかわらず、僕の病状は悪くなるばかり。発作が起こるとひどい呼吸困難で、まったく大げさでなく、地獄と呼ぶにふさわしい思いをしました。

実際、僕は痩《や》せ衰え、骨と皮みたいになりながら、何とか命をつないでいる状態でした。

当時、見舞ってくれた妻の母親は、「これはもう、最悪の事態を覚悟しなければ」と思ったといいますし、僕の弟は、「親戚《しんせき》一同に知らせ、葬式のことを考え始めなくてはいけない」と覚悟したそうです。

実は当時、精霊から、医者にかかることも薬を飲むことも止められていたのです。

なので、服薬なしの治療法を探し、民間療法や食事療法などいろいろ試しましたが、症状が軽くなることはありませんでした。

病気は、当時の僕と妻の、まさに人生そのものでした。

そんなある日、突然僕の頭に、とあるイメージが浮かんできました。

――海を深く深く潜っていく僕。あ、海底に岩が見えます。手が届きそうで届かない……思いっきり腕を伸ばして、ようやくタッチできました。もう息が苦しくてたまらないけれど、あとは水面目指してぐんぐん上昇していくだけ。

ずいぶんリアルなイメージだな、と思うと同時に、ひらめきました。

「苦しいけれど、病気は底を打った。ここを超えれば、あとはよくなるだけだ」

そして、こんな思いも湧き上がってきました。

「考えてみれば、僕にとって病気は修行のようなもの。病気によって、心身を浄化しているのかもしれない」

さらに、かつて自分が抱いていた大蔵省の役人というプライドや、その立場をうまく使って順風満帆な人生を送ろうというエゴにも気づきました。「大蔵省という職場を辞めるという一大決心をしたんだから、病気ぐらいすぐ治るさ」と考えた身勝手さにも……。

はたして不思議なことに、その日から僕の喘息は、徐々にではありましたが快方に向かったのです。もう医者にかかってもいい時期だと思えたため、治療も受け始めました。

僕は思います。

病気の治療に医療の力は大切ですが、それはあくまでサポートであり、実際に治すのは自分なんだと。自分を本当に大切にすることとはどういうことなのかに気づき、誤った生活習慣を真摯《しんし》に改めようという気持ちになれたとき、患者は患者自身のための最高の医者になれるのだと。

死ぬときは堂々と潔く

命あるものは必ず死にます。
ならば、死ぬときは堂々と潔く死にたい。
体じゅうにチューブをつながれ、虫の息で生かされるなんてナンセンスです。
それは、生きている者たちのエゴではないでしょうか。
死に関しては、もっと本人の意思が尊重されていいと思います。
あなたはどう思いますか？

日本人の平均寿命、知っていますか？

なんと、男性79歳、女性は86歳です！

しかも年々上がっているそうで、毎年、「過去最高」の数字を弾《はじ》き出しているのです。

「人生80年」という言葉は実にリアルですし、これからは「人生１００年」の人も珍しくなくなるでしょう。

おかしな言い方かもしれませんが、生き物は皆、死亡率１００パーセントです。

この世に生を受ければ、その先には必ず死があります。

ただ、寿命を終えたら、その人の存在が無になるかというと、そうではないのです。

死とは、肉体という衣を脱ぐことにすぎません。

たましいは永遠の存在ですから、いつかまた別の肉体に宿り、この世に生まれてくると決まっているのです。

つまり、死は一つの通過点と思ったほうがいいということです。

死んだら消えてなくなるわけじゃない、また生まれ変わることができるんだ、と思うと、何だかワクワクしませんか？

さて、「健康で長生きするのが一番幸せ」とよくいわれます。

確かに、死ぬ間際まで元気に自分の好きなことができたら、とても幸せだと思います。

しかし、人工的に命を永らえさせるのは、いかがなものでしょうか。

延命治療と称して、たくさんのチューブを通し、生かされている状態って幸せだと思いますか？　僕には、幸せとはとても思えません。

体じゅうからチューブが伸びた〝スパゲティ症候群〟になって死ぬのは、僕ならごめんです。

本人が、

「できるだけ長く生きたいから、たとえ意識がなくなっても、どんなに苦しそうでも、あらゆる手を尽くしてほしい」

と言っているなら話は別かもしれませんが、無理に延命するのは、周りの者のエゴのような気がします。

自然に命尽きるまで生きる。それでいいと思います。

たましいに終わりはないのです。いつかまた生まれてくるのだから、何歳で死んだって間違いではないと知りましょう。

さて、ときどき、こんなことを聞かれることがあります。

「何度も生まれ変わるなら、そんなに一生懸命に生きなくてもいいんじゃない？　適当に生きたって来世はあるんでしょ？　頑張るだけ損みたいな気がする」

きっと、輪廻転生《りんね》があると知ったことで、逆に人生の価値を見失ってしまったのだと思います。

「何度生まれ変わることができたって、この人生は一度きりなんですよ」

と僕はいつもそう答えます。

死んでもまた生まれ変わることができるからといって、人生をおろそかにしたら、来世だってそのまた来世だって、結局粗末に生きてしまうと思います。

そんなことでは、何百回生まれ変わっても、充実した人生なんて送れるはずがありません。

それに、意識している人はあまりいないかもしれませんが、すべての人は、共通の目的をもって生まれてきています。

それは、この世界をもっともっとよくすること。

カッコよく言えば、僕たちは皆、愛と平和の戦士です！

いきなりこんなこと言われても、何をすればいいかわからないと戸惑うでしょうか。

何も、特別なことをしなければいけないわけではありません。

自分の真実の使命、なぜこの世に生まれてきたかを知り、自分のやりたいことに全身全霊で打ち込めばいいのです。僕自身も、毎日そうしています。

ぜひとも、自分がしたいことをとことんやってください。たった一度のこの人生を、精いっぱい生きてください。

そうすれば、この次生まれ変わったときも、いい人生を送ることができるのです。

老いも楽しく受け入れられる

現実に抵抗し、目の前の状況と争っていると苦しくなります。
抵抗するのをやめましょう。
老いや体の衰えと、心の質は比例しません。むしろ反比例するのです。
あるがままの自分を受け入れましょう。
自分で自分をみじめにする必要はありません。
あなたはいつでも、あなたのままで最高なのですから。

人生は四季にたとえられることがあります。

子どもの時代を経て、10代、20代が「春」。いわゆる青春時代です。

30代、40代50代が「夏」。仕事に、プライベートに、もっとも変化が起こるときでしょう。

60代は「秋」。それまでしてきたことがかたちになって返ってくる頃、実りのときです。

そして、70代、80代は「冬」。人生の総括のときです。若い頃よりずっと、思考が深まります。自分のなかに蓄えられたたくさんの糧により、穏やかで充実した心でいられるでしょう。

「春」、「夏」、「秋」は楽しくて、「冬」はつまらないなんてことはありません。

四つの季節があるからいいんです。

どの年代にもよさがあります。楽しく生きられるかどうかは、自分次第です。

僕自身はいま、「秋」から「冬」に移ろうとしているところにいます。

「春」や「夏」のころはどうだったかというと——。

子ども時代から中学生ぐらいまでは、人生で最も大切なことは、たくさん勉強してよい成績をとることでした。幸い向いていたのか、実際、勉強はよくできました。

高校生になると、最大の目標はいい大学に入ることになりました。

頑張った結果、東京大学に入り、法律を学びました。

大学でも成績はよく、司法試験に合格。そして、国家公務員上級試験でも好成績をとり、卒業後は大蔵省に入りました。

結婚をし、海外で充実した仕事もでき、本当に楽しかった。まあ、いわゆるいい人生を過ごしていたと思います。

ところが、人生の「夏」の中頃に生き方がまったく変わってしまうことになったのです。

大蔵省は病気をしたために辞めることになりました。そして、自分はなぜ生まれてきたのか、自分はいったい何をするために生まれてきたのかを考え、それを探求するようになったのです。

世間からエリートと呼ばれていた自分。でも、いまでは、ちっとも偉くなんかなかったとわかっています。人生で一番大切なことは、いい成績やいい学校、いい会社や出世とは関係がないと理解できたことは、僕の人生の「秋」における大きな収穫です。

だからこそ、いま、こうしてスピリチュアルな本の翻訳、執筆をしたり、みなさんの前でお話をさせていただけたりと、充実した毎日を送ることができているのだと思います。

よりよく生きるということの本質を知りましょう。

幸せは、すでに自分の中と周りにあります。

家庭を持っている人なら、家族の温かさ。仕事がある人なら仕事のありがたさ。住んでいる街の人と笑顔で交わす会話も、幸せです。

太陽の光、夕暮れどきの空の美しさ、美味《おい》しい食事、いい本や映画、音楽との出会い……。

あなたに幸せをもたらすものは、数限りなくあります。

年をとると、物事のありがたみがよくわかるようになります。

若いころには気づかなかったさまざまな恵みを、よりはっきりと受け取ることができるようになります。老いることをマイナスにとらえる必要は、まったくありません。

これから僕は、人生の「冬」を迎えます。実は70代、80代を人生のピークにしようと思っています。

幸い、いま住んでいる街をとても気に入っています。気の置けない仲間との毎日のラジオ体操は気持ちのいいものですし、ウォーキングや座禅、映画の会に参加するのも気持ちが浮き立ちます。もう世界中の60カ国以上を旅してきましたが、これからも外国旅行はするつもりです。

小さな畑の面倒をみるのも、楽しいものです。蒔《ま》いた種が芽を出したときの愛《いと》おしさと言ったらありません！ 小さな種子から大きな野菜ができたり、美しい花が咲くのを見るのは、魔法のような気がします。

これから「秋」や「冬」を迎える人なら、何か一つ、楽しく続けられることがあるといいと思います。

ヨガや瞑想《めいそう》、気功は、内なる自分を見つめるのに役立ちます。フラダンスやスピリットダンスもいいですよ。

僕の場合は、ヨガ、瞑想、外国旅行、スピリットダンス、ガーデニングです。

何かを習いに出かけていかなくても、家で一日１００回、腹式呼吸なんていうのもおすすめです。できた日はカレンダーに丸印をつけると、励みになります。

人生の「冬」こそ、多いに楽しめる時期だと思います。

シワもシミも誇らしいもの

自分のやりたいことは、全部やりましょう。
自分がやりたくないことは、
やらないか、やりたくなるまで待ちましょう。
あなたは自由です。
幸せになるために、どのように生きてもいいのです。
人の思惑は、気にしなくてかまいません。

年をとれば、体が弱り、若いころに比べれば容貌《ようぼう》も衰えます。

それは自然の摂理で、受け入れるべきことです。

しかし、人類は、何とか病気や老いに抗《あらが》えないものかと努力を重ねてきました。医学がめざましく発展したこの時代、病気の治療法は多岐に渡り、予防医療もずいぶん質が向上しています。

最近では、アンチエイジングなる言葉や考え方、医療が広まっています。年齢を重ねることで起こる見た目の変化は、いろいろあります。シワやシミが増えたり、皮膚がたるんだり、体型が崩れたり……。

少し前までは、それらは甘んじて受け入れるものでした。いや、どんなに拒んでも、あがいても、確実に男性はお爺《じい》さんに、女性はお婆さんになっていくものだったのです。

ところが、いまはちょっと違うようです。

シミのほとんどは、レーザーで取れるようになりました。

シワの部分に薬品を注射すると、何事もなかったような肌に戻ることもできます。

皮膚がたるみ始めたな、と思ったら、引っ張り上げる治療すらあります。

そのせいか、テレビを見ていると、年齢よりもずっと若く見える人がたくさんいるのがわかります。


僕自身は、年相応にシワやシミがある方がむしろ自然だと思っています。

それまで生きてきて得た素晴らしい経験が刻まれているようで、誇らしいではありませんか。年を重ねることは、賢くなってゆくことです。


けれども、アンチエイジングにいそしむ人に、

「自然に反することはしてはいけません！」

と、目くじらを立てるつもりはまったくありません。

体をきたえ、若さを保つことは、これからますます大切になることでしょう。

人生の目的は、幸せになることだからです。

自分の幸せのために何をしようとその人の自由です。

若さをゲットすることで自信が持て、明るく生きられるなら、アンチエイジングの

努力をどんどんしたらいいと思います。僕ならばウォーキングと瞑想をお勧めします。

さて、病気の治療も昔とはまったく変わっています。

たとえば、がんを退治する放射線治療。

以前は、がんに向けた放射線が、ほかの臓器などにもダメージを与え、がんに効果はあっても体が参ってしまうという症例がたくさんあったそうですが、やはりいまは違います。

進化した放射線治療は、体内のほかの部分に影響することなく、がんだけをピンポイントで攻撃できるようになったのです。

費用はそれなりにかさみますが、あらかじめその額をカバーできる医療保険に入っておくなどの準備をしておけば、とくにお金持ちでなくても治療を受けられます。

病気治療の進化は、不治の病を減らします。そして、たとえ重病にかかっても、最新の治療を受ければ社会復帰が容易になるという福音ももたらしました。

これは、非常に喜ばしいことです。

僕たちを取り巻く状況は、常に前進しています。

夢が夢でなくなる世の中になったのです。

しかし、だからといって、自分の内なる声に耳を澄ますのをやめてはいけません。

体のどこかが痛い、眠れない、食欲がない、風邪をひきやすい……疲れた体は、「休みたい」というサインを必ず出しています。

体が欲していることは、ちゃんと実行してあげましょう。

それは、この世にたった一人の自分を大事にするために、絶対に必要なこと。

アンチエイジングも先端治療もかなわない、幸せになるための要件なのです。

第三章
人生はたましいを磨く場所
生きる目的と答え

一番の相談相手は自分自身

どんな出来事も、実は自分が引き寄せているのです。
このことがわかったら、あなたはマスターです。
日々起こることはすべて、あなたがたましいを磨くために引き寄せています。
抵抗しないで、まず、受け入れましょう。
その体験から、大きな学びがあるはずです。
迷ったり、困ったりしたら、まず自分自身に問いかけてください。
答えは常に自分の中にあります。
自分で解決できない問題はありません。
私たちは何回も転生を繰り返してきたマスターなのです。
自分の一番の相談相手は、自分の中にあるたましいです。

思い通りの人生を送りたいと、多くの人が思っています。

しかし、まだ大事なことに気づいていないかもしれません。

人生で起こることは、その人が体験しようと計画してきた通りのことなのです。

一番いいこと、一番必要なことが起こっているのです。

このことがわかっていれば、対処の仕方も変わってくるでしょう。

他人もあるがままでいい、「みんないいのよ、そのままで」、ということもわかります。


あなたの現実はあなたが創っています。

あなたの未来は、あなたが創造します。あなたは自分の未来を決めることができます。

宇宙は、ある思いを抱くと、全力でそれを実現させようと協力してくれます。

あなたが心の中で一番強く思っていることが、あなたの未来に形となって現れます。

だから、幸せになりたい、成功したいと強く思えば、きっと実現するでしょう。

自分なんてだめな人間だ、と思えば、そのとおりのことが起こってきます。

自分の素晴らしさに気づいてください。そのとおりなのですから。

あなたの夢は実現するためにあります。実現するからこそ夢を抱くのです。あなたの将来は大丈夫です。大きな夢を持ちましょう。平和な世界を築きましょう。強く念じ、まず、いま自分のいる場所で、いま自分にできることからはじめましょう。

あなたが、心から願えば、宇宙が応援してくれます。具体的に何をすべきかわかるでしょう。百里の道も、第一歩から始まります。先が見えなくても、今日しなくてはならないことをすればいいのです。今日を精いっぱい、生きましょう。

一歩、歩き出すと、次々に、新しい情報が入ってきます。そして、自分の方向性が次第に見えてきます。直感を信じて、いま、これだと思う通りに行動すればいいのです。心のおもむくままに行動しましょう。直感に従い、心の指し示すところに向かって進みましょう。自分の適性が生かされるようになれば、道は必ず開けてきます。あまり先のことは心配しないで、今日をしっかりと生きましょう。楽しいことをする。ワクワクすることをしましょう。

ただ、注意したい点が一つあります。自分の思考に注意しましょう。

宇宙はあなたの思いの「キーワード」を重点的に理解します。

身近な例を挙げて説明しましょう。

「仕事が多すぎて、手に負えないな。これでは期限までに終えられるかわからない」

と思っていると、さらに仕事を頼まれてしまうことがあります。

これは、「仕事が手に負えない」と強く思うことによって、手に負えない状況を実現してしまい、たくさんの仕事を引き寄せているのです。

「今日着ている真っ白なシャツに、シミをつけたら大変だ」

と気にしていると、すごく注意していたはずなのに、食べ物をこぼしてしまったりします。これも、「服を汚したくない」と強く思うあまり、汚すような行動を引き寄せてしまうのです。

また、「約束の時間に遅れたくない」

と、強く思っていると、なぜか遅れてしまうことがありませんか？

「○○したくない」と、頭の中では否定形で考えているのに、宇宙が理解するのは「○○」というキーワードだけで、「したくない」という否定形の部分は届かないのです。

あれこれ心配をしないことです。心配しているとそのことが実現してしまうからです。

僕は自分では気がついていなかったのですが、『心配性』だったのでしょうか、精霊からいつも『心配するな』と言われてきました。いまでは「なるようになるさ、いつも一番いいことが起こるようになっている」と思うようになりました。心配している自分に気がついたら、「もう心配しないよ。大丈夫だ」と言ってみましょう。

だから、もし、自分の人生に起こってほしくないこと、避けたいことがあったら、それらに意識を集中しないほうがいいのです。難しいでしょうか。このことは、先のことを心配するなということです。心配しないようにしようと思っても、どうしても心配してしまうということもあります。でも大丈夫です。ネガティブな思いはポジティブな思いより、実現するまでにずっと時間がかかるといいますから、心配がすぐに実現するということではありません。実はどんなことが起こっても、大丈夫なのです。いつだって大丈夫と知っていたら、安心できるでしょうか。

自分を信頼しましょう。天を信頼しましょう。

歓迎すべきこと、自分が幸せになれること、こうなりたいという希望など、常に楽しい思考で頭の中を満たすくせをつけておきましょう。

人生は楽しんでいいのです。

自分はついてる、

自分は守られている、

自分は幸運な人間だ、

といつも感謝しましょう。すると、ますますそのとおりになります。いいことだけに焦点を当てるのです。

天使に守られていると思っていると、本当に天使が助けてくれるのです！

人生はあなたが思うとおりになります。

神様が助けてくれると思う人には、天からの助けが起こります。

天使や神様なんかいないと思えば、天使や神様がいたとしても、あなたをうまく助けることができません。

神様を信じたほうが人生がうまくいきます。

宗教に入りなさいと勧めているのではありません。

まずは自分の中の神を信じるのです。神を信じるようになると、神はどこにもいることがわかってきます。「信心深くなりなさい」

これは神様からのメッセージです。

ちょっと、おかしいですけど。神様が、神を信じろ、信心深くなれ、と言っています。

神も仏もいるもんか、と思っている人だって、実はいつも神様は助けてくれているのです。「神にゆだねる」「神にお任せする」ことができるようになると、すべてが面白いほど、うまく転がり始めます。ただただ、「ありがとう」と言って、自分の本当にしたいことを直感に従ってしてゆけばいいのです。素直なあなたなら、きっとできます。

さて、ここまでお話ししたことは、「引き寄せの法則」と呼ばれるものです。

ロンダ・バーン著『ザ・シークレット』は世界中で多くの人々の人生を変えました。人生はあなたの思うとおりになります。神を自分に引き寄せるのが一番簡単だと、僕は思っています。神様が何もかも思いをかなえてくれるものです。

その神様は自分の中にいる、

「自分が神様さ」というぐらいに考えてください。

あなたの元にやってくるもの、状況は、あなた自身が招いたこと。あなたが自分のたましいにふさわしい出来事を招いているのです。

もし、ひどいできごとばかりが起きていると思う人は、そのできごとをよく見つめてみましょう。それは本当にひどいことですか？　ひどいことだとあなたが、思い込んでいるのではありませんか？　あなたは思い違いをしていませんか？　何か原因が見えてきませんか？　問題の中に何か大切な学びがありませんか？　「原因と結果の法則」があります。何かが起こるためには、それなりの原因があるはずです。種を蒔《ま》けば、芽が出ますが、種を蒔かなければ、何も出てきません。「なるほど、だからこんなことばかり起こるのか」と気づくところがあるはずです。すべては一番良いことが起こっているのです。そう思いましょう。考え方、見方を変えましょう。

それでもまだ、悪いことばかり起こるようでしたら、何か自分のことで、気がつかなくてはならないことがあるはずです。なにか間違っていることがあるはずです。自分を振り返るとてもよいチャンスです。

自分を十分に愛していますか？　被害者ばかりを演じるくせはありませんか？

被害者とは、あいつのせいでこうなった、社会のせいでこうなった、などと責任は自分の外にあると思っていることです。

また、自分なんか、たいしたものではないと思っていませんか？　他人と比較していませんか？

他人のことを気にしすぎではありませんか？　きっといろいろ頭で考えすぎているのでしょう。考えすぎないことです。悪いことなど一つも起こっていないのです。

どんな出来事がやってこようと、まずは、それを冷静に受け止めることが大切です。落ち着いて全体像を見てみれば、対処の仕方がわかるでしょう。どう動けばよいかが見えてきます。すぐに反応しないで、いったん、受容しましょう。そうすると、一番よい対処の仕方が見えてきます。思い違いをしているのかもしれません。あせらずに、ゆったりしましょう。人に愛されていないと、勘違いしているのかもしれません。何か大きな誤解をしているのかもしれません。被害妄想になっているのかもしれません。

まずは、「ありがとう」と微笑んでから、どうしたらよいか、考えてみるのも良いでしょう。

自分の見方が間違っていたり、思い込みであることも、往々にしてあります。自分がひどいことだと思い込んでいても、それが、宇宙から見たら、一番良いことなのかもしれません。**すべての出来事は良きことのために起こっているのだ**と、どこかでわかっていれば、ものごとの良い面が必ず見えてきます。

ものごとは、見るレベル、角度によって姿形を変えるものです。ものは見方によります。ものは捉《とら》え方です。ものは考えようです。意識が高くなれば、悪いことなど、一つもないとわかります。私たちは「すべてよし」の完璧《かんぺき》さの中にいるのです。

『ものはすべて考えよう』と子どものころに母親が僕に言って聞かせた言葉を思い出します。

人のせいや、親のせい、社会のせい、にする方が簡単そうですが、実はその反対です。

自分が必要で招いたこと、と思う方が、自分の中のエネルギーは高まります。

そして、それは自分で解決できるのです。その体験を積み上げてゆくと、人は成長します。

何でも自分を中心に考え、**自分の人生は自分の思うとおりに生きる**、と決めるのです。

他人のことは二の次にしましょう！　他人のために自分の人生を犠牲にしないことです。

自分を中心に考えたらいけないよ、と教えられてきたかもしれません。また、お前なんて、たいした人間ではないよ、と子どものころからいい聞かされて育ってきたかもしれません。

いまこそ、そんなばかげた洗脳から開放されるときです。あなたは自分が思っているよりも何倍もすごい存在なのです。あなたが宇宙の中心にいることを忘れないでください。あなたを中心に生きてください。世界はあなたを中心に回っています。どうぞ周りをぐるりと見回してください。あなたがやっぱり、中心にいますよね。

あなたの人生は他人がどうにかしてくれるものではありません。あなたは自分の責任で人生を生きなければならないのです。あなたの中には素晴らしいパワーが初めから備わっているのです。あなたは無限のパワーと可能性を秘めています。そのパワーに気づきましょう。そして、そのパワーに気づくのは、自分なのです。あなたの人生はあなたのものです。

僕はあるときから、どんなことも愛の中で、人の学びとして起こるものだ、という考え方をとり入れました。すると、人生がとても軽やかになりました。また、他人の行動、世の中のあり方をあまり批判しなくてもすむようになりました。みんなが仲間であり、みんなが必要なことをしてこの地球学校で学んでいる、すべては愛の中で起こっている、この見方ができるようになれば、とても生きやすくなります。あなたはもうマスターです。

嫌なこと、不快な出来事に見舞われたときは、自分の中に決めつけや思い込みがないか、よくチェックしてみるチャンスです。自分を見るときが来たのです。それが幸せへの第一歩です。自分の中に思いぐせがあるかもしれません。自分に気づくとは、自分の思いぐせに気づくこともその一つです。

失敗の人生なんてない、誰もが成功者

宇宙が導く大きな流れに乗りましょう。

その人に必要なことが次々と起こってきます。

つらいと感じるかもしれませんが、実は悪いことばかりではありません。

何かを気づかせるための宇宙からの合図です。つらくていいのです。

出来事に「良い」も「悪い」もありません。良いか、悪いかはあなたのしている判断です。失敗の人生なんかありません。宇宙の基準にのっとれば、誰もが成功者です。体験しにきたことをまるまる体験している、ただそれだけですばらしいのです。有名になることも、お金持ちになることも、社長になることも、子孫をいっぱい育てることも、勲章をもらうことも、傑作をのこすことも、結婚することも、それはそれで、現世的な成功かもしれませんが、宇宙的にものごとが見えるようになれば、どんな人生も成功です。

誰でも幸せになれます。誰もが幸せになっていいのです。誰もが幸せになる権利があります。

あなたはいま、幸せですか？

不幸なわけがありません。いま、この瞬間だけを取り出せば、あなたは幸せなはずです。

ここに、こうして、存在しているではありませんか。神の愛の中にいるのです。

あなたはとても幸せなはずです。だって、愛の中に生きているだけで幸せじゃないですか。いまこの瞬間、自分が幸せであると思えたら、もう大丈夫です。過去の出来事など、なにほどのことでしょうか。未来を心配する必要もありません。自分が何者かがわかったら、もっともっと楽しくなるでしょう。いま、この瞬間に生きましょう。あなたはいま、とても幸せです。

人は皆、幸せになるために、そして、人生を楽しむために、この地球という星にやってきました。

けれども、生まれたからには、必ずいつかは死を迎えます。あなたは死ぬのが怖いですか？　死を怖がっても仕方ありません。元気で幸せなら、１００歳ぐらいまでは楽しんで生きたいものです。将来、人は１２０歳までも生きるそうです。もちろん、長生きするばかりがいいわけではありません。本当の自分を生きているという喜び、充実感。達成感、人のためになったという満足感を持って、人生を卒業できたら、すばらしいです。けれども、人生半ばで亡くなる人も、宇宙から見たら、宇宙に十分尽くした人生だと喜んで向こう側では迎えてくれることでしょう。

死んでも大丈夫なのです。どんな死に方でもかまいません。それは肉体の衣を脱ぎ捨てて、宇宙のエネルギーと一つになるだけのことです。あなたがすでに何回も経験してきたことです。それは宇宙である神の元に帰るだけのことです。またいつか順番がきたら、今度は別の肉体に宿り、この世に生まれてくるときがやってきます。そのときは、どんな人生を選びますか。あなたのいまの人生もあなたが選んできたものです。そのことを思い出したら、いまの人生を最高のものにしましょう。自分で選んでやってきたのですから。

僕たち人間は、人生という限られた時間と空間の中で、肉体に宿って、それぞれの役割を演じている存在なのです。この地球が舞台です。人生は芝居や演劇みたいなものです。息をすること、食べること、踊ること、笑うこと、泣くこと、成長すること、旅をすること、遊ぶこと、なにもかもを肉体を使って体験できる素晴らしいひとときです。いまを大切にしましょう。わくわくすることをしましょう。この人生はかけがえがなく、いまを大切に生きればいいのです。人生はいまの連続です。これから、どんどん良いことが起こってくるでしょう。僕たちはみんな地球という舞台の上で、演劇をしている役者です。

人生で起こることはすべて、かけがえのない体験です。だから、それらに優劣をつけたり、善悪で判断したり、どちらの方が良いとか悪いとかなどと較べたり、どれが正しいとか、間違っているとレッテルを貼っても仕方がありません。レッテル貼りはやめましょう。すべてが良きことなのですから。すべてが愛の中で執り行われていることなのですから。

難しく考える必要はありません。レッテル貼り、理由づけ、解釈、分析などは、やめてしまいましょう。いろいろ複雑に考えるより、喜びと感謝を感じてみましょう。

人間って、どうして何でもこれは良い、これは悪いと評価したがるのでしょうか。出来事に「良い」も「悪い」もないのです。でも、良い悪いと決めつける人を非難しても仕方がありません。あなたが、レッテル貼りをやめて、人生をどう受け止めるかです。

あなたは、判断をやめましょう。レッテル貼りをやめましょう。

肌寒い日に薄着をして風邪をひいたら、今度からは羽織るものを一枚多く持って出かけようと学ぶでしょう。風邪をひかないようにしましょう。でも風邪をひいてもいいのです。風邪で、体内の浄化が起こっているのかもしれません。免疫力が強まるかもしれません。

これからは、風邪をひかないような体力づくりにはげむこともできるでしょう。

一見、よくない出来事のように思えることからも、人は確実に何かを学び取っています。無意識で繰り返していても、何かを学んでいますが、意識的に生きはじめると、学びが早くなります。同じことを何度も繰り返さなくなるでしょう。気づきは成長を早めます。

意識的に生きましょう。

人生を成功か失敗かでとらえようとするのも、無駄なことです。どんな人生も成功です。

世間的に見て、成功しているように見える人も、内面では常に怖れを感じているかもしれません。世間的にいわゆる敗者といわれる人生であっても、それを次の躍進に向けてのバネにできれば、本当のところは失敗ではありません。成功も失敗もない、と考えた方が、気持ちが豊かで楽になります。あなたは自分の人生をどのように捉《とら》えていますか？　あなたがいま、どのような状態であったとしても、それで成功です。いろいろ体験できたではありませんか。いままでの経験を宝物とし、さらなる幸せに向かって前進しましょう。あなたはそのままで、素晴らしいのです。

誰の人生にも、ただ素晴らしい体験があるだけです。

それらは「山」に思えることもあれば、「谷」に思えることもあります。

大事なことは、山も谷もしっかりと味わうことです。大変な経験を通り過ぎる方が、たましいの学びのためにはより役に立つかもしれません。苦労を通り抜けた人が以前よりずっと精神的に強くなったり、人に対して優しくなったということは確かにあります。

面倒がったり、嫌がったり、おびえたりせずに、人生の谷を受け入れましょう。がっぷり四つに組む勢いで、谷を余すところなく体験し、味わい尽くし、そこから学んだことを生かせるようになれれば、いつしかすばらしい眺めの「山」の頂にいる自分に気がつくことでしょう。どんなことも、一つとして無駄ではなかったとあらためて、宇宙に感謝することでしょう。

人生の山や谷の経験を繰り返し体験することで、ついには、ほとんど谷を感じない人生になっていきます。人生はどんどん楽になります。小さな気づき、大きな気づきが起こると、もう谷は必要なくなることでしょう。流れに乗って、すべてがうまく行くようになることを円滑状況に入ると言っています。大丈夫です。誰でも、その円滑状況に入ることができるのです。人生は苦しみの連続ではありません。

人生にはいろいろなときがあります。笑うときもあれば、泣くときもあります。「山」だと喜ぶか、「谷」だと落ち込むかは、あなた次第です。

いろいろな経験ができるからこそ、人生は面白いのです。

よくないように見える出来事だって、そこから学んで精神的な強さを得る人もいれば、出来事そのものを恨んで、抜け出せなくなってしまう人もいます。

どちらでもかまいません。人それぞれが選ぶことです。いつまでも恨んでいたら、楽しくないでしょう。しかし、自分が恨みの感情をずっと引きずって体験したいのであれば、それはそれで必要なことです。あなた自身の選択なのです。あなたがあなたの人生のすべてを決められるということです。

今生で学びきれないことは、きっとまたいつか来世で学ぶチャンスがやってきます。

日々の経験を楽しみましょう。人生を楽しみましょう。私たちは常に学んでいるのです。

どんな出来事も、ベストタイミングであなたに起こってきます。人生に何の間違いもなく、すべては完璧《かんぺき》に計画されています。「原因と結果の法則」があり、「引き寄せの法則」があり、たましいの計画があります。

「自分の人生に悪いことも失敗もない。何かを学ぶために、全部の体験が必要だっただけ」

といつかの時点でわかるでしょう。

さらに一歩前進して、「すべては良きことのために起こった」「すべては神の導きであり、すべては愛の中で起こっている」、そう考えられるようになれば、あなたはもうマスターです。人生のどんなことでも楽しめます。もう、あなたは人生を楽しんでいますね。

もっと自由に生きればいい

泣きたいときは、泣きましょう。

怒りたいときは、怒りましょう。

感情を無理に抑え込む必要はありません。

直視したくない感情でも、押し殺したりしないで、それを十分に味わってください。

自分は、どんなとき、どんな気持ちになるかよく知っておいたほうがいいのです。

どうしてそうなるか自分の深いところをよく見てみましょう。

歯を食いしばって耐えているようなときも、本当は楽しんでいることもあります。

そのときは I am enjoying「僕は楽しんでいる」と言ってみることにしています。

子どものころを思い出してみましょう。

転んで膝《ひざ》をすりむいて、痛い。そんなとき、どうしていましたか？　大声で泣いていませんでしたか？

友だちと些細《ささい》なことで喧嘩《けんか》になった。そんなとき、お互いに思いの丈をぶつけ合い、怒りたいだけ怒りませんでしたか？

しかし、大人になると、転んで大泣きする人はいませんし、思いっきり喧嘩をすることもありません。

いつのころから、人は感情を殺すようになるのでしょうか。

親や周りの人から、

「そんなに泣いたらみっともない」とひどくしかられた経験があるかもしれません。

感情にふたをすることを教え込まれ、いつしか、泣いたり怒ったりしないことが一人前の人間だと思い込んでしまったのです。

感情を抑えられるようになることが成長なのだと。僕は長い間、そう信じていました。

とくに否定的な感情を殺していました。怒りを感じないようにしてきました。怒っていたのに感じない、悲しくても感じない、怖くても感じない、それが自分を守ることだと思っていたのです。怒りも悲しみも恐怖も感じないようにしてきました。感じないようにすることが成長だと思い込んでいたのです。しかし、これは危険です。あるとき、友人が若くして亡くなりました。周りで大勢の人が悲しんで泣いているのに、平気でいる自分がいて、「おかしいぞ」と思いました。その頃はまだ、輪廻《りんね》転生など、少しも信じていないころのことです。

感情を抑えつける技を磨いてゆくと、ほかの感情も抑えつけることになります。たとえば、悲しみ、怒りといった、一般的にネガティブとされる感情を押し殺したとしましょう。すると、喜び、楽しさ、嬉《うれ》しさといった歓迎すべき感情まで得られなくなってしまうのです。悲しいときに悲しみを感じられないことは、良いこととはいえません。

感情をなくし、感性のアンテナに覆いを被《かぶ》せてしまったかのように、何を見ても、何をしても、たいして楽しくもないし、面白くもないし、感動もしない。感情のとぼしいロボットになります。人生が平たい色彩のないものになってしまうのです。そんな人生はつまらないものです。無味乾燥な人生。生きている実感すらなくなります。

感情を殺すことは、知らず知らずのうちにくせになります。そして、心がどんどん鈍感になってゆきます。アメリカで兵士を教育するとき、人を殺しても、死体も見ても、感情を抑えて、平気になる訓練をするそうです。洗脳をするのです。

怒っている、嬉しい、怖い、ウキウキしている、ドキドキしている、憂鬱《ゆううつ》だ。さまざまな感情を抱く自分を、批判しないようにしましょう。自分の感情を見つめることが大切です。怒っていたら、「自分は怒ってる」、悲しかったら、「自分は悲しんでいる」と感情を認めてあげましょう。

そして、どんな感情も、押さえ込まないで、味わいましょう。自分の感情を見つめ、感情と一緒にいてください。

自分が何を感じているのかに、もっと敏感になっていいと思います。

そうすることで、自分はいったい何を望んでいるのか、どんな方向へ行きたいのかがよくわかるようになります。いま、しようとしていることは、これからの自分にとってどんな意味を持っているのかも見えてきます。**ワクワクする**ことをしましょう。胸が震えたことはありますか？　ドキドキと心臓が高鳴る喜びを感じたことはありますか？　楽しいことをしてゆくと、実力が十分に発揮されて、すばらしい人生が開けてきます。心から喜びを感じることこそ、あなたが今生、ここで体験しようと決めてきたことです。

周囲の人や教育によって植えつけられた価値観ではなく、自分が幸せを感じられるか、自分が幸せになれるかどうかによって、ものごとを判断しましょう。自分を中心にしてください。

他人の思惑や両親や世間の価値観に縛られずに生きてください。あなたのたましいの歓びに導かれて、自由に生きるということです。

あなたは自由です。

もっともっと自由に生きてもいいのです。

心の制限を取り外せば、どんどん可能性が広がります。自分の怖れ、制限に気づきましょう。

とやかく言う人がいても、やっかんでいるのかもしれません。社会の考え方に毒されている人です。あなたがあまりに自由に跳んでいて、はつらつとしているのを、きっとうらやましく思っているのです。

自分の感情にどんどん気づきましょう。
頭で分析しようとするのはやめましょう。
自分に課している制限に気づきましょう。
素直な感情の通りに進めば、人生はどんどん面白くなります。
ワクワクすることをしましょう。

「偉くなる」必要なんてない

社長、部長、平社員……どれも単なるこの世の役割です。社長は偉い人間で、平社員がダメな人間なのではありません。多くの人が「勝ち組」になるために戦っていますが、それはオールドエイジの考え方です。

いまを大切に生きるニューエイジは、他者と競争するのではなく、互いに助け合って、愛に満ちた平和な社会を作ろうとしているのです。自分自身を愛し、隣人を愛しましょう。自分を愛し、自分を大切にする人ほど、人を愛し、人を大切にすることができます。

自分が心から満たされるように生きること、喜びを感じること――それが本当の幸せです。

幸せな人は、他人の幸せを願い、他人が幸せになるのを助けます。

「あなたの夢は何ですか？」と聞くと、「お金持ちになることです。だから、よく勉強していい学校に入り、お金が儲《もう》かる仕事をして出世しようと思います」と答える人がいます。子どものころの僕はお金持ちになりたいとは思っていませんでしたが、よく勉強して、いい成績をとり、よい大学に進学して、世間的に良いと思われている仕事に就きたい、と思っていました。田舎の少年ですから、大学は東大がいい、とどこからか吹き込まれ、洗脳されていました。

何が正しくて、何が間違っているということはないので、自分の考えが間違っていたとは思いませんが、自分はどんなことがしたいか、自分にはどんな職業が向いているか、と若いころはあまり考えたことがありませんでした。自分にどんな仕事が向いているかもよくわかっていなかったのです。まず目的はいい大学に入ることだったのだと思います。

僕が入学したのは東大の法学部でした。実は法学がどんな学問かあまり詳しくは知らなかったのです。とにかく東大なら法学部と思ってしまったのです。六法全書を見たとき、「しまった、これはつまらないぞ」と思ったのですが、ときすでに遅く、方向転換もできず、しかたなく前に進みました。法学部に入って、ここは違うぞ、と感じて、方向転換した友人もいました。でも僕は自分が何をしたいのかがよくわからないまま、そのまま、なんとか、よく勉強して、司法試験までがんばってしまったのです。ワクワクしなくても、まあ、一生懸命勉強すれば、何でもかなりのところまでは行けるものです。

自分が理科系か、文科系かも自分ではっきり認識していませんでした。後々になってから、自分は文科系だったとわかって、理科系に進まなくて、良かったと心からほっとしました。たとえば、医学部に秀才が集まる時代には、自分の適性も考えずに医学部に進んでしまうということも可能性としてはあったからです。

理科系の方が世間的な評価が高かったら、理科系に進んでしまう危険もありました。自分の適性などは考えたこともなく、世間の価値観がそのまま自分の価値観になっていたのです。理科系に進んで、自分は文科系だったと、悩んでいる友人もいました。

法律を学ぶことは文科系ですが、法律は僕にはあまりワクワクする分野ではなかったようです。それでも法律をしっかり勉強して、良い成績をとって、就職は大蔵省に決めました。国家公務員になると、良い仕事ができると、東大の法学部では常識みたいになっていたのです。

そこで、大蔵省に入り、国家公務員になりました。公務員になれば、「国民に奉仕するような仕事ができる」と思い込んでいました。大蔵省に入省したら、ただ毎日、流れに乗って、好きとか嫌いとかでなく、与えられた仕事をこなしてゆきました。

大蔵省の仕事は楽しかったのだと思います。あっという間に年月がたってゆきました。理財局の国有財産の仕事、外務省に出向してアジア局、そして結婚してマレーシアの日本大使館での仕事、鹿児島の加治木《かじき》税務署長、アメリカの大学院への留学、国連大学の仕事、大臣官房の仕事、ワシントンD.C.にある世界銀行での仕事、関税局の課長など、あっという間の22年間でした。公務員の世界では常識的なことですが、関心がもっぱら人事と出世なのです。出世しなければ、やりがいのある仕事ができない、という思い込みもあるのかもしれませんが、組織に属するとき、人はその組織の常識の中にどっぷりとつかってしまうものです。自分独自の感覚を大切にしたら、変わり者とみなされるかもしれません。

公務員の生活も楽しいものでした。

中でも、マレーシアの日本大使館に勤務したり、アメリカの大学院への留学、国連大学での部長の仕事、財務官の秘書役、世界銀行の理事代理など、外国に関係する仕事ができたことは幸運でした。自分でははっきりと認識できていなかったのですが、国際的な仕事ができるようになりたいな、ということが希望だったのです。

22年の公務員生活を経て、大蔵省を辞める前後、僕は精霊とのコンタクトが取れるようになっていたのです。普通の人、ましてや、公務員の世界では理解を超える世界です。

その当時、精霊と交信するスピリチュアリストはあまりにもまれなことで、自分でもとまどっていたのです。

大蔵省の公務員の身で、『アウト・オン・ア・リム』を翻訳し、出版したことは自分の人生が変わる大きな契機となりました（1985年当時は、公務員が本を出版してはいけないという規則はありませんでした）。精霊からの依頼を受け入れ、多くの人々の意識を覚醒《かくせい》させる手伝いをすることを引き受けてしまったのです。

「いまは時代の変わり目にあり、人々が目を覚まさなければ、人類は滅亡する」と言われたのです。まるでSFのような話で、自分以外の人にこんなことが起こったと、聞いたとしても、おそらく信じなかったことでしょう。でも、実際に自分に起こったのです。そこで、精霊からの要請を喜んで引き受けてしまったのでした。

精霊から聞かされたことは「21世紀は覚醒の時代」だということです。時代は『うお座』から『みずがめ座』に移行し、目覚める人が次第に多くなり、人類は戦争をやめ、愛と平和の時代がやってくる。人類の覚醒は必ず起こるというのです。ただ、「時間がないから、人々を覚醒させるために、私たちの仕事を地上で手伝ってくれ」と要請されたのでした。

イエスの誕生とされる西暦元年からおよそ西暦2000年までを『うお座』の時代と呼びます。この『うお座』の時代は人々がマインドを中心に、エゴと恐怖を基盤に生きてきた時代です。地球上のどこかではいつも戦争が行われていました。人間には差別がつきものでした。人種による差別、男女による差別、皮膚の色、宗教による差別、ありとあらゆる差別があり、強いものが弱いものを支配してきました。常に力で弱いものを征服し、戦争のための武器はどんどん高性能になりました。人間は恐怖に基づき、とうとう核兵器まで作り出したのです。恐怖はとどまるところを知らず、現在は地球全体を何十回でも滅ぼすことのできる大量の核兵器が作られているのです。正常とはいえません。個人の理性ではとめることができない集団の恐怖心からこうなってしまったのです。第一次世界大戦、第二次世界大戦では、何百万人もの人々が命を失い、何千万の人々が難民になりました。

このまま、人々がエゴと恐怖の中にい続けたとしたら、人類は滅びます。いまは時代の変わり目です。もう差別と戦争の『うお座』の時代は終わり、『みずがめ座』の時代が始まっているのです。『みずがめ座』の時代に入り、人間は戦争をやめなければなりません。地球環境を守ってゆかなければなりません。たましいが目覚めなければならない時代がやってきているのです。

そして、それは可能です。人間は必ず成功します。世界の動きを見ていると、新しい流れがはじまっていることがわかるでしょう。アメリカには黒人大統領が生まれ、核兵器を減らそうとしています。オーストラリアやドイツ、その他の国で女性が首相に選ばれています。

やがて、日本でも女性の総理大臣が誕生するでしょう。

これからスピリチュアルに目覚める人がどんどん増え、地球環境を守ろうとする人、平和を維持するために核兵器を廃絶することを考えてゆく人々がどんどん現れていきます。もう領土争いをしたり、戦争の準備をする時代ではありません。自分の中の神に目覚める人が増えてゆきます。エゴからたましいの時代に確実に変わって行くのです。人々が本当の自分に目覚めて行くのです。

これからの時代のキーワードは、愛、優しさ、受容、寛容、ゆるし、癒《いや》し、女性、平等、ワンネス、平和、助け合い、協力です。
すべての人々が、自分は何のために生まれてきたのかを真摯《しんし》に考え、気づき、本当の自分を生き始めます。自分が本当に望むことができる自由な時代がやってきているのです。

他人と自分を比べる必要はありません。人はみんな同じものからできているのです。でも一人ひとりの個性は違います。興味も違います。成長のレベルも違います。でも確実に覚醒のときはやってきます。

あなたの目の前にある仕事が気に入っているなら、そのまま楽しんで続けてください。

すると、最高にワクワクする気づきを得られます。

どんな人生を生きるかは、完全に自分次第だと気がついてください。

あなたは自分のことを中心に生きればいいのです。あなたが中心で、世界はあなたの手の中にあると思ってください。

人との関係は鏡のようなもの

理不尽なことを平気でしてくる人に対しても、傷つかないでください。

実は「可哀想《かわいそう》な人」なのです。

腹を立てたり、報復したりしないことです。

自分まで可哀想な人になってしまってはいけません。

どんな人との出会いも、あなたの成長のために用意されたまたとない経験なのです。どんな行動をとっている人であっても、いまはその人の精いっぱいの行動です。

彼は怖れから行動しているのです。彼は孤立を怖れているのです。

人は一人では生きていけません。センチメンタルな意味ではなく、誰とも関わらずに生活することはできません。

どんな環境にも、人間関係はあります。

そして、当たり前のことですが、他人を変えることはできません。

だから何を考えているのかわからず、ときに、その人の言動をものすごく理不尽に思うこともあるでしょう。いきなり怒鳴られる、暴力を振るわれる、騙《だま》される、陥れられる……。

いろいろなかたちの理不尽がありますが、むやみに傷ついたり、「仕返ししてやる！」などと、頭に血を上らせたりするのはちょっと待ってください。

平気で理不尽なことをしてくる人は、可哀想な人です。

威張っていても自分に自信がなく、力を誇示したり他人の足元をすくうことで、何とか面目を保とうとしているのです。

そういう人と同じ土俵に立ってしまったら、あなたまで可哀想で残念な人になってしまいます。愛を送ってあげてください。

だからといって、自分を引っ込め、我慢する必要もありません。

明らかに理不尽だと思っても、愛を送ってあげましょう。

相手は何かを訴えるためにそうしているのかもしれません。

心の中で悲鳴をあげているのかもしれません。

まともに対立したり、非難しあうことではありません。場合によってはその場から退散するのもいいでしょう。必要以上に巻き込まれないことです。

それが、自分自身を守り、大切にすることです。


どんなに歓迎できない出来事にも理由があると知ることです。

実は、理不尽な人は、あなたに何かを教えに来てくれた仲間なのです。

そういう人と相対する経験は、あなたの中に足りないものを学ばせるために、たましいが引き寄せた修行といえるでしょう。

理不尽は、偶然に降りかかってきたわけではなく、必然だったのです。

だから、こう考えてみましょう。

「自分は、この経験からどんなことを学べばいいのだろうか」

と。

人間関係とは、鏡のようなものです。

好感をもっている人からは、同じように好感をもたれます。

「何だかこの人、虫が好かない」と思っている人からは、やはりよく思われていないことが多いでしょう。

だから、自分に理不尽なことをしてきた人を、「本当に冷たい人間だなあ」と思った場合、あなた自身にも冷たいところがあるということになります。

欠点を指摘してくれる人はなかなかいません。

理不尽な相手は、あなたが見ないようにしている自分の問題点を、鏡になってはっきりと指摘してくれているのです。

人生に登場する人は、すべて先生だと言われています。

あなたを称賛してくれた人、優しくしてくれた人など、好意的な先生の言葉は耳に心地よく入ります。

でも、あなたに理不尽なことをもたらした人もまたありがたい先生なのです。

私たちはどんなことからも学んでいるのです。

悪い情報に踊らされない

「今年は運気が悪い」

「おみくじが大凶だった」

「手相によくない線がある」

占いの結果がこんなふうに出ても気にしないことです。

ましてや、人生の大事な局面を占いで決めたりしないでください。

あくまで、遊びやゲームの感覚で楽しむのにとどめましょう。

思い煩っていることの答えは、すでに自分の中にあるのですから。

どんなことがあっても、すべては大丈夫、そうなっているのです。

未来を創るのは自分自身です。あなたの人生は、あなたの手の中にあります。

人生には自分では変えられない部分があるのではないかと思っていませんか？

生まれた日時、出生地、親、その親から受け継いだ遺伝子……。

このように自力では如何《いかん》ともしがたいことがあるから、人は占いに興味を持ち、結果を気にするのかもしれません。でも僕は生まれる前にすべて選んで、ここにやってくるのだと思っています。すると、変えられないと思っていたことも抵抗しないで、受け入れることができます。自分の容貌《ようぼう》なども全部ありのままを受け入れてしまうといいのです。

たましいが輝きだすと、容貌まで輝きだします。


僕自身は、誕生日には何か意味があると思っています。

いままでの僕の人生に大きく関わった人には、なぜか誕生日が同じだったり、とても近かったりする人が多かったからです。人生が変わるきっかけとなったリア・バイヤーズとは同じ日が誕生日でした。

星占い、四柱推命、九星占術などが昔から広く受け入れられてきたのは、きっとあなたの生まれた時の星の位置によって、あなたの運命が定められているからでしょう。でも根本的には、その運命に良い、悪いはありません。与えられた運命を生かすことが大切です。

あなたのたましいと心はすべてを知っているのです。

同じ日に生まれたからまったく同じ運命をたどるわけではありません。

実際、僕には生年月日が全く同じ友人がいますが、彼と僕は性格も生き方もまったく大違いです。

彼は大蔵省時代の同期で、国会議員も経験したエネルギーの大きな自信家タイプ。大蔵省に入ったところまでは似ていますが、性格も姿かたちもまったく違う人間です。

「だから占いなんてやめておきなさい」と言いたいわけではありません。

占いは、自分を知り、生かすため、に使えばいいのです。

よい結果によって気分が晴れ晴れしたり、元気をもらったりもできるでしょうし、人づき合いのヒントにもなるかもしれません。楽しんで有効に使えばいいのです。ためにならない占いならしない方がいいでしょう。

ただ、占い師に直接見てもらう場合には、人を選んだほうがいいと思います。前向きなことを言ってくれる人ならいいのですが、気分が落ち込むようなことばかり言う人には気をつけましょう。楽しくなくてはいけません。あまり深刻にとらないことです。

実は世の中に「良いこと」「悪いこと」なんてありません。起こる出来事は、ただ純粋に出来事であるだけ。大事なのはそこから何を学ぶかです。

だから、占い師に何を言われても、気に入ったところだけを自分を見るための参考資料にすればいいのです。

ちょっと話がそれますが、僕は神秘的な体験は大好きです。

とくに自然の神秘を感じると、スーッと心が浄化されるような気がします。

とくに好きなのは、7色に輝く虹《にじ》です。

何かしらたましいが成長したと思える出来事のあとで虹を見ることが多いので、僕にとって、虹は天の祝福だと思っています。雨上がりの空をよく見てください。虹が見つからなくても、宇宙から愛がさんさんとわが身に降っていると想像すると楽しくなります。

もう、ずいぶん前のことですが、ハワイ大学に留学していたときには、大学のあるマノアバレー谷間にかかる虹をいつも楽しんだものです。ハワイのマウイ島に行ったとき、道路脇に停めた自分の車から虹が立ち昇っているのを見たときは感激しました。

虹と同じくらい「彩雲」も好きです。

彩雲とは、ピンクとペパーミントグリーンに縁取られた雲のことで、吉兆といわれているものです。

もう数え切れないほど見ています。これは確かに吉兆なのでしょう。たしかにその後、嬉《うれ》しいことや良いこと、夢がかなうことなどが起こりました。


占いをする目的は、何かを決めてもらうことではなく、「占いを通じて自分自身を見つめる」ことにあります。

「自分はなぜこの世に生まれ、何を目的とし、何を使命としているのか」

「これからやるべきことは何か」

占いは、こうしたことを知るための手掛かりとして活用すれば、面白いと思います。

でも、最終的な結論は、わが内なる声を聞いて、自分で出しましょう。
答えを一番よく知っているのは、あなた自身です。
迷ってもいい。悩んでもいい。回り道だっていくらでもしていい。
進むべき道は、自分で選択するものなのです。
自分が今生何をしに生まれてきたかを文章にして、書いてみるといいでしょう。
僕は自分のツイッターに書いてみました。

あなたの人生の目的を、言葉で簡潔にあらわしてください。僕の人生の目的は人々を癒《いや》し、出会う人を幸せにし、この地球上に愛と平和と自由と平等を広げることです。また輪廻《りんね》転生の真実を広め、人々が本当の自分に目覚めるお手伝いをしたいです。あなたの人生の目的は何ですか？　お金？　名誉？　恋愛？　繁栄？
Twitter より

抵抗しない、すべてを受容する

現実に抵抗し、現実と争っているから苦しいのです。
この世界はあなたを幸せにするためにあります。
抵抗するのはやめて、すべてをそのまま受容し、許し、愛すればいい。
あるがままの自分を否定せず、そのまま認めてあげましょう。
人生は、筋書き通りにいかなくてもいい。
「いま」を大切に生きる。
それが幸せへの確実な一歩になります。

自分がこの瞬間、存在している「いま」、過ぎてきた「過去」、これから向かう「未来」があります。

しかし、体験できるのは「いま」だけです。人生はいまのつらなりです。

「過去」は文字通りすでに過ぎ去ったこと、「未来」はまだ起きていません。

僕たちが手にできるのは「いま」だけであり、それはこの先もずっとそうです。

人は、「いま」を永遠に積み上げながら生きているのです。

それなのに、「過去」をいつまでも引きずって生きたり、どうなるかまったくわからない「未来」に不安を感じたり、心配しているのが私たちです。過去にとらわれたり、未来に焦点を当てていると、「いま」がおろそかになります。

過去や未来のことばかり考えていると、不安や後悔、緊張といったマイナスな感情が増すだけです。

終わってしまった時間である過去は絶対に変えられないし、いくら綿密に準備したからといって、未来がその通りになるとは限りません。

「いま」を精いっぱい生きて、次につなげていきましょう。未来は必ず良くなります。

「いま」に集中し、最高の「いま」にすることを考えたほうがいいと思いませんか？

過去は見方を変えれば、変わります。

すべてはいまの幸せをもたらすための過去だったと評価しなおせばいいのです。オセロゲームにたとえる人もいます。真っ黒だった石があっと言う間に全部白に変わります。

持っていないもの、足りないものを数えても仕方がありません。実はいま必要なものはすべてここにあるのです。足りないものを嘆くより、いまあるものを感謝する方がずっと幸せへの近道です。

努力家の人はすばらしいです。でも自分に辛い点をつけて追い込むのはもうやめにしましょう。あなたは十分にやっています。自分を責めるくせをなおし、誉めるくせをつけましょう。あなたはもともと、すばらしいのですから。

ありのままの自分を認めてあげると、とても楽な気持ちになり、急にいろいろなことがうまく回り出します。

完璧《かんぺき》を目指さなくていい。あなたはすでに完璧だからです。虫に葉っぱを食われた薔薇《ばら》の花をこれはこれで完璧だと思えたとき、世界が変わりました。世界はいまのままで完璧だと気がつきました。どんな自分もいまのままで完璧です。

ぼくたちは、みんな精いっぱいやっているのです。もう十分です。できる範囲でいきましょう。

自分のペースで行きましょう。

自分を人と比べる必要はありません。

子どものころ、お父さんやお母さんからよく言われませんでしたか？

「人は人、自分は自分」「お前はそのままですばらしいよ」と。

これは、何気ない言葉のようですが、実は深い真理です。

誰かのことがうらやましくて自信を失いそうになったり、人のことが気になってしかたないときは、おまじないみたいに心の中でつぶやいてみるといいかもしれません。

僕は「春になると草はひとりでに生える」という言葉が好きです。

「あせったり無理したりする必要はない。ときが来ればいいことが自然に起こってくる」

という意味です。この宇宙は本当に良くできているのです。

じたばたすると、ものごとがもっとこんがらがってしまうかもしれません。

とはいえ、僕はいつもじたばたしていました。じたばたしたいときはしてください。

でも、最近はなるようになる、とゆっくり深呼吸ができるようになりました。

要は、自分流に、自分の思う通りに、自由に生きることです。

自分を大切にして、ゆったりと構えているほうが人生はうまくいきます。

考えてみてください、欲しいな、こうなりたいな、と思ったことはいつの間にか手に入ったり、実現したりしていませんか。物ばかりがあふれるいま、本当に必要な物だけを周りにおいた方が、贅沢《ぜいたく》な生活かもしれません。毎日忙しい生活を送っていると、自分を見失いやすいものです。人生はゆっくりと、楽しみながら生きるのが一番です。旅を楽しむように。

あなたに必要なことは、必要なときに、必ず起こるものなのですから。

先を心配しないで、いまを生きましょう。

将来のための計画や準備に気を取られて、「いま」をおろそかにしないでください。

あなたの夢は自然に実現するようになっています。

人生の、いまの一瞬、一瞬を大事に生きましょう。

ただ、あなたのしたいことは全部、してください。あれもできなかった、これもやりたかったと後悔のないよう、やりたいことは一つひとつ全部やって、すべてを楽しんでください。

人間関係は学びのチャンス

人間関係に悩む人は多いものです。

人間関係こそ、一番すばらしい学びのチャンスです。中でも恋愛関係は人生のヨガといってもいいかもしれません。

嫌なことがあっても、相手を恨んだり、争ったりするのはやめましょう。どんなできごとも、あなたに必要だから、あなたが引き寄せているのです。

嫌な人物も、あなたに必要だから、あなたのところに現れてくれたのだと、考えましょう。人はみんないろいろな役割を演じあって、お互いに必要なことを教えあっているのです。

本当の愛を学びあっている仲間です。

学びが終わると、もうその人とは一緒にいなくてもすむようになります。

自分の好きな仲間と一緒にいるのが一番です。自分を成長させてくれる仲間に感謝しましょう。

仮に、誰ともつながりを持たずにたった一人で暮らしていたとしたら、嫌な思いをすることは少ないかもしれません。ただ、人生の喜びや嬉《うれ》しいできごとも激減するはずです。

僕たちは、他者との関係において喜怒哀楽を感じることが多いからです。本当は他人なんていません。深い縁があるからこそ、今生の旅で出会っているのです。「そで振りあうも他生の縁」です。みんなすばらしい仲間たちです。悪役を演じなければならない人もいますが、それは本当に大変なお役目です。悪役はあまり本人としては楽しいものではないからです。

「嫌な奴だなあ」

「あいつのやることなすことが鼻につく」

と、つい思ってしまうことは誰にでもありますが、自分も相手から見たら、同じかもしれません。どんな相手も、実は自分が引き寄せているのです。

そのときに必要な「学び」をもたらす人が、自分の意思にかかわらず目の前に現れるようになっているのです。宇宙はここでも完璧です。

まるで、お互いのセンサーがピピッと反応し合うように、人と人とは出会います。親しくなるか、反駁《はんばく》し合うかは、出会いの時点ではわかりません。

ただ一ついえるのは、相性が良かろうと悪かろうと、その人から教えてもらうことがあるから出会ったのだということです。相性が悪ければ、無理に交流する必要はありません。

「ありがとう、さようなら」と言って別れてゆけばいいだけのことです。

自分のエゴが強い人は、敬遠されるかもしれません。支配力が強かったり、自分勝手なため、孤独で縁の薄い人になってしまうでしょう。

僕たちが生きるこの人生は、たとえていうなら学びの学校です。

普通の学校は、授業時間と休み時間が分かれていますが、人生の学校に休み時間はなく、いつでも授業中です。

どんなときでも、常に学びのチャンスにあふれているのです。

では、人生の学校における先生は誰でしょうか。

出会う人、みんなが先生です。

何かを学ぼうとするとき、相手を馬鹿にすると、貴重なことが学べません。自分も他人も同じ学びの仲間だ、という尊敬のまなざしが必要です。どんな人も、転生を何度もしてきたすばらしいたましいが演じている縁のある大切な人なのです。

あなたがその人を好きだろうと嫌いだろうと、大切なことを教えてくれる人であることに変わりはありません。

人間関係には、あなた自身の心の状態がはっきりと表れます。

相手は、自分を映す鏡です。相手の言動は、すべて自分の言動や心の中で思っていることを反映しているのです。あなたのたましいが望んでいるように行動してくれているのです。

たとえば、「この人は、どうしてこんなに意地が悪いんだ」と憤ったとしたら、あなたにも、同じように意地悪なところがあるということです。自分にないものは見えないものです。自分を映す姿を見せてくれているのです。ただそれを素直に認めることは難しいものです。

一見、トラブルメーカーに見える人ほどたくさんのことを教えてくれるものです。

もし、あまりトラブルを起こしたくなかったら、その人にはなるべく会わないようにするのも学びの一つです。それこそが自分を大切にするという学びですから。簡単に離れることができなければ、受け入れることもあなたの学びです。相手のいい面を探し、心の中で賞賛してみるのもいいでしょう。「私の前に現れてくれてありがとう」と一人で唱えます。

「誰も自分を愛してくれない」と思っている人は、自分もまた、自分のことを十分愛していないものです。自分を愛していない人は心から人を愛することはできません。自分自身を嫌っていないか、よく見てみましょう。自分を好きになることがあなたの一番のテーマかもしれません。自分に起こっていることは、自分が引き起こしているのです。すべては、「あなたを中心に」舞台が動いているのです。あなたがいつも主役です。自分が自分をどうするのか、という問題につきるでしょう。自分を許してあげましょう。自分を十分に愛しましょう。自分の価値に気づきましょう。あなたは誰にも負けないほどすばらしい人なのです。そこに気づくことで、人間関係は一変します。

自分を愛せない人は、心から他人を愛することはできません。

自分を愛せないときはどうしたらいいのでしょうか。

大丈夫、そのままの自分でいい、自分を愛せない自分を認めてあげるのです。大丈夫です。ホ・オポノポノを毎日自分に言い聞かせましょう。「自分を好きになれなくて、ごめんなさい」「自分を十分に愛せなくても許してください」「愛しています」「ありがとう」です。

あなたはすばらしい存在です。いるだけで十分なのです。息をしているだけですごい存在です。

あなたがここにいるということは、あなたの肉体としての存在は、何億年もの命が繋《つな》がってここにいるのです。たましいとしてのあなたは宇宙の誕生とともにありました。

もう気が遠くなるほど、あなたの存在は尊く、大切です。

そんなにも大切な自分を評価し、賞賛しないなんてことは、とても小さな世界に囚《とら》われすぎていませんか？　とても短視野だ、とは言えないでしょうか。

今日からで大丈夫。ありのままの自分を認めてあげてください。

自らをちゃんと受け入れ、愛することができたとき、あなたの周りに愛があふれていることに気づくでしょう。愛があなたからもあふれ出しています。

あなたの愛のパワーは、このうえなく強大です。人生をバラ色にするのも、灰色にするのも、自分への深い愛情があるかどうかで決まるのです。身の周りにあふれている愛に気づくかどうかにかかっているのです。

人はみんなそのままでいい、そして、この場所は競争したり争ったりする地獄ではなく、お互いに助け合う天国だと気づいてください。

人と人との出会いは、双方向にパワーを与え合うすばらしいチャンスです。

あなたの人生に登場した人は誰もが、すばらしい仲間であり、「恩師」なのです。

時期が来れば誰でも目覚める

生きていくことに困難を感じていませんか?

それは、あなたがまだ旅の途中にいるからです。

いま、学んでいる最中だからです。

安心してください。

どんなに遠回りに思える道でも、必ず幸せに向かっています。

いろいろ体験していること、かけがえのない命をいただいていることは、なにものにも替えがたい贈り物です。

さあ、顔を上げて。一日一日をていねいに生きていれば、目の前が開ける日が必ずやってきます。人生のシナリオにはすでにそう書かれているのです。

あなたは、どのように人生を生きたいですか？

この問いに即答できる人は、もうすでに人生の方向が定まっていて迷いのない人でしょう。そして、自分を認め、信頼している人だと思います。

それはとても幸せなことです。信じる道を、そのままままっすぐ歩いて行けば大丈夫です。

あなたの夢は必ずかなうでしょう。

しかし、なかには、

「いろんなことがなかなかうまくいかなくて、人生がとてもつらい」

「どんなふうに生きたいかなんて考えたこともない」

という人もいるでしょう。

あなたは、この先ずっと幸せになれないのでしょうか？

実は、そんなことはありません。

ほんの少し考え方の方向を変えてみるだけでいいのです。

いまは大変でも、必ず、明るい場所に出られます。

明けない夜はありません。


人生があまり、うまくいっていないと感じていますか？

それは本当ですか？

何か問題が起きたとしてもそれは気づきのためのメッセージです。

「自分を良く見てみよう」と、宇宙がメッセージを送ってくれているのです。

人生で大切なことは『自分を知ること』『自分が何者であるかを知ること』『自分が生まれてきた目的を知ること』です。

そして「自分の存在のすばらしさ」に気づくことです。

「自分が本当にしたいこと」を見つけることです。

まずは、自分にもっと関心を持つことからはじめましょう。

他人と比較して自分を認識するのではなく、自分をたましいの存在として認識するのです。

たとえば、「周りの人に比べて自分はどうして○○なんだろう」

「ほかの人がなんなくできることが自分にできないのはどうしてなんだろう」

と思うのは、評価の基準が他人になっています。人と比べることがくせになると、どんどんつらくなってしまいます。

とくに自分が他人より劣っていると思うといてもたってもいられません。

エゴの視点から自分を見ないでたましいの視点から自分を見ることができるようになれば、人はみんな同じもの、すばらしく、かけがえのない神のエネルギーだと気づくでしょう。

人が評価してくれるかどうかで、自分の行動を決める必要はありません。

人は勝手に期待し、勝手に点数をつけます。でも人は他人のことにそれほど関心を持っているわけではありません。

他人が気に入るような自分を演じるのはもうやめましょう。

自分の人生は自分のものです。誰かほかの人のものではありません。実は他人の思惑なんて、本当のところはどうでもいいことなのです。いつも自分を中心にしてください。あなたの人生はあなたが責任を持って生きればいいのです。自立しましょう。

自分は学んでいるたましいだと知ってください。ほかの人も、学んでいるたましいです。お互いに愛を学んでいるのです。自分が自分を最高に評価できるようになりましょう。

自分との約束は守ることです。

あなたは、あなたらしくいるだけで完璧《かんぺき》です。

このことは永遠の真理ですが、気づく時期は人それぞれにまったく違います。

いま、自己肯定感を持てない人も心配することはありません。

いまのあなたのままで完璧です。自分を愛することを一歩一歩学んでいけば、自分を認めることができるようになります。

いつも自分を愛することを中心に生きましょう。

人生には、ただの一つも間違いはありません。いまこの瞬間が大切です。

あなたの人生の一瞬一瞬を主体的に生きること。自分中心でいいのです。

自分勝手とは違います。エゴイスティックに生きるということでもありません。

あなたのために世界はある。あなたのために天使たちは愛を送っているのです。

あなたのために太陽は輝き、雨は降り、緑の木々はそよ風に揺れているのです。

あなたは、正しい場所にいます。一瞬一瞬を大切に深呼吸していると、そうこうしているうちに、自分が本当に進みたい方向も見えてきます。

死んでも大丈夫と悟ったら、もう怖いものなしです。

あなたの目覚めのときは、もうすぐそば、ここにあります。

第四章
誰もが幸せ、誰もがすごい人
自分と宇宙の関係

自分の心の声を聞く

自分を知ればすごいことが起こります。
自分は何をしたいのか。
自分が何を求めているのか。
そして、自分がしたくないことは何か。
自分の心の声を聞きましょう。
内なる思いを無視していては、満ち足りることはありません。
自分を知るだけ、自分が何者かわかったら、それだけでマスターです。
一番大切なことは『自分を知ること』です。

人生で最も大事なことは、自分自身を知ることです。

この世のすべての問題は、人々が外側を探してばかりいて、本当の自分を知ろうとしないことから起こっています。本当の自分は愛そのものです。エゴは偽者の自分です。いつも行く先を怖れて心配しています。

戦争、殺人、環境汚染、飢餓、差別、偏見、虐待など、人間を不幸にしているものは、すべてはエゴの産物です。エゴの怖れから発生しています。

人は競争するのが当然だ、人には優劣がある、戦争は必要悪だ、などとエゴは自分勝手な考えを持ちます。人が怖れから行動していると悲劇が起こります。

自分さえよければいいという考えは、怖れから始まり、人を疑心暗鬼にさせ、攻撃的にするのです。愛から行動することを学ぼうではありませんか。

人々が真摯《しんし》に自分を見つめ、自分は何者か、自分の本質は何なのか、自分はなぜここにいるのか、自分が本当にしたいことは何か、を考え、自分の本質である愛を発見し、いつも心が平和になれば、みんなが安心できる社会に貢献できるようになります。そこにいるだけで、自然と愛と平和に貢献できるようになります。多くの人がそうなり、本当の民主主義を育てれば、無駄な軍事費も不要になり、教育や福祉など、有意義な目的のために資源を使うことができます。世の中は平和で愛に満たされ、助け合いと譲り合いが普通になれば、とても住みやすい場所になるでしょう。

こんなことは、夢物語に聞こえますか？

ジョン・レノンが「イマジン」で歌っているように、みんながやがてはそうなってゆくのです。

そしていま、愛と透明な知性のアクエリアスの時代に入っています。「本当の自分」に気がつきはじめている人が増えているのです。医療が変わり、教育が変わり、人々の価値観が変わり、政治が変わります。国家や自分の属する団体や組織よりも、何よりも個人の自分が大切だということに気がつきます。

自分を見つめはじめると、スピリチュアルな自分に目覚めます。そして、「覚醒《かくせい》」する人がどんどん現れてくるのです。最初からエゴの少ないクリスタル・チルドレンやレインボウ・チルドレンが生まれてきています。そして政治も変わってゆくでしょう。

いまの政治では、他党を誹謗《ひぼう》、批判、非難することが正しいやり方だと、勘違いしています。政治家が、目覚めれば、党や自分の利益を第一にするのではなく、国全体、国際的な平和協力を推進するための一番有効な方法を見つけ出すでしょう。他党を批判することが政治ではない、と気づくことでしょう。

自分の権力や党のためではなく、協力し合って、平和で住みやすい社会を作ることが自分の使命であると目覚めた人が立候補し、選ばれるようになるでしょう。人々も自分の損得からではなく、見識の高い本当の政治家を選ぶ目を持つようになるでしょう。

現在の政治を批判しているのではなく、現在起こっているどんな問題も人々が覚醒するための準備として必要なことが起こっているのです。すべてのことから、私たちが一つひとつ学んでいるのです。

自分はいったい誰なのか、自分は何をするために生まれてきたのか——この問いかけを、いつも自分にしてみましょう。ほかの誰でもない、自分に目を向け、自分が無限の可能性をもっているのだと気づく時期が、今まさにやって来ているのです。アクエリアスの時代がすでに来ているのです。

巷《ちまた》で言われているように2012年を過ぎて、地球のエネルギーが良い方向に変化しました。すばらしい時代の到来です。多くの仲間が目覚める時期がやってきているのです。

新しい世代が確実に生まれています。彼らは自分が本当にやりたいことを知っていて、すでにその方向にそって歩み始めているのです。

自分を見つめるにはいろいろな方法がありますが、いつもの習慣を少し変えてみることが役立つ場合があります。

たとえば、明るい色の洋服を着てみること。

つい無難で地味な色の服ばかり選びがちな人は、いままで着たこともないような鮮やかな色にチャレンジしてみましょう。心がはずむかもしれません。

地味な色の代表、黒や紺は、自分をプロテクトする色です。

シックでいいのですが、黒っぽい服ばかりの人は、たまにはきれいな色を着てみると、思いがけず気持ちが解放され、本当の自分が見えるきっかけになるかもしれません。

逆に、いつも派手な服を着ている人が、落ちついた色合いの洋服を着てみるのも一手です。

生活態度を少し変えてみる方法もあります。いつもきちんとしていなくてはいられない人は、少しラフな格好をしてみてはどうでしょうか。

そうすれば、知らず知らずのうちに周囲に強いていた緊張も解けるでしょう。何より自分の精神が楽になります。そこから見えてくるものがきっとあるはずです。

自分の中にはいろいろな制限がいっぱいあることに気づくでしょう。自分はきれいな色の服を着てはならない、と思っているかもしれません。こんなデザインは突拍子もない、着てはいけない、と自分に禁じているかもしれません。自分は十分に美しくないと思い込んでいるかもしれません。本当のところは人は誰もが個性的で、みんな美しいのです。とくに、本当の自分に目覚め、内面の輝きが出てきた場合は、光り輝きます。

瞑想《めいそう》をはじめてみてください。静かに座って、無の境地になりましょう。最初は思考が働いて、無の境地にはなかなかなれませんが、自分の中を見よう、自分の感情を見よう、といろいろ試しているうちに、自分の内部に気づきが起こり、きっとすばらしいことが起こってくるでしょう。自分が見えてくる瞬間がやってきます。

呼吸法を学びましょう。腹式呼吸、丹田呼吸、火の呼吸などいろいろな呼吸法がありますから、縁のあるものを試してみましょう。健康法にもなります。自分を知るきっかけになります。瞑想と呼吸法はアクエリアスの時代の必須《ひっす》項目です。

瞑想と呼吸法をお勧めしましたが、自分に合ったものなら何でもいいのです。ヨガ、気功、水泳、ジョギング、ダンス、日記をつけるなど、自分の中を見つめる作業をしてください。ただ漫然とするより、「自分自身を知ることがもっとも大切なこと」という意識を持って、何事にものぞんでください。すると、シンクロニシティが起こり、自分に対する気づきが起こるものです。シンクロニシティは、特別の意味があるすばらしい偶然の一致です。シンクロが起こることは、神からのメッセージだと捉《とら》えてください。「すべては偶然ではない」ということが体験からわかってくるでしょう。いま、人は目覚めの時期を迎えています。準備が整うと、次から次へと、必要なことやすばらしい出会いがやってきます。

毎日がワクワクすることの連続になってくるでしょう。そうなったら、もう自然の流れに乗ってゆけばいいだけです。

性格を9つに分けて診断する「エニアグラム」を学んでみるのもいい方法です。私たちにはいろいろな性格がありますが、基本的に9つの性格に分類されるそうです。

自分はどのタイプだろう、と探すプロセスも楽しいものです。エニアグラムの講座にでると、同じタイプの者同士がグループに分けられ、そのグループの中で、自分たちの感情を正直に話し合ったり、議論したり、絵を描いたりします。タイプの違いによって、感じ方も違い、描く絵の色使いまでも違うことがわかります。

自分が9つのタイプのどこに属するかは、そう簡単に発見できるとは言えませんが、自分のタイプを探究する過程で自分のことがよくわかってきます。自分の得意な分野、苦手な分野も見えてくるでしょう。また、自分とはまったく違う感性で生きている人たちがいることに驚いたり、他人に対して、前よりも深く理解でき、思いやる気持ちを持てるようになります。その結果、自分に対しても、他人に対しても、より寛容になれるでしょう。エニアグラムは他人を見る道具というよりも、自分をもっと知る道具として使ってください。未熟な段階ですと、他人を分類し、他人にレッテルを貼ってしまうかもしれません。

他人を分類しレッテルを貼るために学んでいるのではなく、あくまでも自分を知る道具として学んでください。

人は誰もが、宇宙で唯一のかけがえのない大切な存在です。

あなたの代わりになる人はどこにもいません。あなたはそんな自分を最大限愛し、尊重していますか？　もっともっと、自分の中に目を向けましょう。自分を愛してはいけないと、どこかで思い込んではいませんか？　自分を愛することをエゴだと勘違いしていませんか？　自分のことを第一にしていいのです。いままで、遠慮ばかりしていたことに気がつくかもしれません。自分のことをよく見てみると、自分を十分に評価していなかったり、自分のことを嫌っている自分がいてびっくりするかもしれません。元気がなかったり、うつになるのは自分のことを十分に評価していない、ということに思い当たるかもしれません。自分を中心に生きてください。自分を中心に生きてもいいのですよ。他人のことは他人に任せ、いまはそのままにしておきましょう。

落ち込みが激しく、すべてが思うようにいかない場合、ふがいないダメな自分が見えてくるかもしれません。そんなときは、自分に優しくしましょう。自分に優しくすることはとても大切なことです。他人の思惑など、どうでもいいことです。あなたは、他人に好かれたいですか？　人気者になりたいですか？　人からちやほやされたいですか？　他人に誉められたいですか？　それはどうしてでしょうか？　誉められることは誰にとっても嬉《うれ》しいことです。でも、必要以上に、人に好かれたいとか、人によく思われたいと思っていると、本来の自分を殺してしまうかもしれません。他人の評価など、放っておきましょう。自分で自分を十分だと思えないので、他人の評価が気になるのではないのでしょうか。他人の思惑など気にしないで、いまのままの自分をまるごと愛することに力を注いでください。あなたは十分にすばらしいのです。あなたのすばらしさに気がつけばいいのです。

自分のことを十分に評価していない人はとてもエゴの強い人、という意味がわかるでしょうか？

不思議なことですが、自分を好きな人、自分を尊重している人、自分を大切にしている人、自然に振る舞える人は、人に好かれようと思わなくても、自然に人から好かれ、愛されるものです。

まずはいまの自分からはじめましょう。自分をあまり評価していない自分に気づいたら、自分をあまり評価していないそのままの自分を許します。まずは自分が自分をどう思っているのか、その気づきが大切です。自分のことを評価していますか？　自分の価値が本当にわかっていますか？　誰にもいいところはあるものです。自分のいいところを認め、誉めてやりましょう。実はここに存在しているだけで、あなたはとても偉大なのです。

自分をけなしたり、自分をバッシングしてはいけません。自分に最大限、温かく接しましょう。自分を認めてあげましょう。あなたは本来、そこにいるだけで、すばらしい存在なのです。あなたは愛そのものなのです。あなたがいるだけで、あなたがこの宇宙に与えていることは計り知れないのです。あなたは、あなたのエゴが判断するような、ちっぽけな存在でもなく、とるに足りない存在なんかでは決してないのです。あなたの存在はこの宇宙の宝物なのです。そのことに気づくまで、自分の中を探してください。

あなたは変われます。自分を愛せるようになれば、すべてが変わります。

まず最初は、「いまのままの自分でいい」とわかればいいのです。

自分を許しましょう。

自分を愛しましょう。

自分を誉めましょう。

自分の価値を認めましょう。

自分に感謝しましょう。


自分に感謝できるようになれば、他人や世間に対する恐怖心が薄れていきます。

他人なんかどうだっていいのです。まずは自分を愛しましょう。

ハワイからやってきた「ホ・オポノポノ」はとても易しい練習問題です。

毎日、自分に対して、

「ごめんなさい」

「許してください」

「愛しています」

「ありがとう」

を、できるだけたくさん繰り返して言いましょう。

なぜ自分に「ごめんなさい」、と言わなければならないのですかと、聞いた友達がいました。

誰もが、自分を十分に評価してこなかったし、自分なんか十分ではないと、自分の価値を過小評価しています。誰もが十分に自分を愛していません。だから自分に対して、「ごめんなさい」というのです。

「ホ・オポノポノ」を過小評価しないようにしましょう。日本にホ・オポノポノを伝えたハワイのヒューレン博士はとても謙虚で、優しさいっぱいのおじさんでした。とても温かいバイブレーションの持ち主です。日本にホ・オポノポノが知られるようになったことはすばらしいことです。それはアクエリアスの時代になっているからです。

自分を許し、自由に振る舞えるようになり、リラックスすることができると、自分が本当にしたいことが見えてきます。自分に小さな自信が持てたら、その自信をどんどん広げてゆきましょう。

自分に自信がない人は、本当の自分を見る目を持たないのです。まだ、自分を見る目がないのです。人と較べているのかもしれません。子どものときに虐待に等しいことを経験しているのかもしれません。本当の自分がまだ見えていないのです。まだ、自分のたましいを発見していないのです。自分の存在の尊さにまだ目が開いていないのです。

「覚醒《かくせい》」とは目を覚ますということです。さあ、目を開いてください。いまはもうその時期が来ているのです。あなたはそのままで、すばらしいのです。あなたは愛そのものなのです。

私たちが住んでいる世界では、インターネットもすっかり当たり前のものになり、他のメディアもたくさんあって、あらゆる情報があふれています。日本を選んで生まれてきた僕たちは、大変おもしろい時代を選んで生まれてきています。知りたいことがあれば、何だってすぐに知ることができます。でも、本当に知らなければならないのは自分です。自分がこの時代を、この日本を、そして両親を選んで生まれてきたことを思い出しましょう。

一番面白い時代を選んでここにやってきたのです。

自分の性別、容姿に関することもすべて自分で選んできました。あなたのくせ毛もアレルギー体質だってそうです。

自分を知ること、あなた自身が誰であるかに気づくことは、どんな情報を得るよりも重要です。外の情報を集めたり、知識を蓄積することよりもはるかに重要です。自分を知れば、宇宙がわかります。自分が宇宙そのものだということに気づくでしょう。そして、**あなたが宇宙で最も大切な存在なのです。**

本当のあなたは体でもなく、マインド（頭脳）でもなく、感情でもなく、たましいだと気づくのです。たましいは宇宙と同じ愛のエネルギーからできています。感情はマインドと結びついているので、両方を一つのカテゴリーにふくめると、私たちは、**体、マインド、たましい**の三つからなっています。とくに眼に見えない**たましい**の存在に目覚めましょう。自分の中心をマインド（エゴ、自我）から、たましいに移行させることが大切です。エゴは自分が中心だと大きな抵抗をします。しかし、たましいの自分を中心におくと、いろいろなものが見えてきます。宇宙の秘密が明らかになってきます。死なんて本当はない、とわかってきます。

人が死ぬと、体や、頭脳は滅亡します。エゴが中心のとき、死ぬことはとても怖ろしいことです。

たましいに目覚めれば、すべては愛の中で行われている演劇のようなもの、という気持ちがめばえるでしょう。そして、**すべての行いは愛の中で起こっているとわかる**でしょう。

あなたはすごい存在

世界の中心はあなたです。

あなたにとってのあらゆるものごとは、あなたを中心に展開しているのです。

あなたが宇宙の中心にいるのです。

あなたが地球の中心です。

あなたのために鳥たちは歌い、あなたのために太陽は昇り、あなたのために星たちは輝きます。

自分を信頼し、自分の信ずるところに従って生きましょう。

僕が、ワシントンD.C.の世界銀行に派遣されたのは、1982年のことでした。

世界銀行とは、開発途上国に援助を行う国際連合の専門機関です。世界180カ国以上が参加しており、マルチの国際援助を行っています。マルチとは多国が共同で、という意味で、二国間のものはバイの援助といいます。たとえば日本政府がインドネシア政府に援助を行う場合はバイの援助です。

僕は、世界銀行の日本政府理事室の理事代理という要職に就きました。理事室のなかでは、理事に次いでナンバー2のポストです。

世界銀行にはさまざまな人種が集まり、公用語は英語。国際機関の仕事はとても興味深く、僕は毎週、理事会に出席し、充実した日々でした。各国の理事代理たちを集めて昼食会などもよく開き、国際親善を深め、意見や情報の交換もしました。

スーツの胸にはいつもポケットチーフを忘れず、映画に出てくるようなカッコいい国際公務員を地で行く気分でした。世界平和のため、国際協力ほど重要なことはありません。

そんなある日、僕の人生を180度変えてしまう出来事が起きました。

当時、ワシントンD.C.でとても流行していた、自己への気づきを促すセルフ・アウェアネスのセミナーへの参加でした。それが、変化のはじまりです。アメリカ人の友人に誘われて、最初はほんの軽い気持ちでした。英語が少しでもうまくなればと、ちょっとしたレッスンを受けるぐらいのつもりでした。

実際、セミナーはすべて英語で行われました。そして、たしかに英語の勉強になりました。

ところが、もっと驚くようなことがたくさんあったのです。

最初はおどおどと落ち着きや自信のなかった参加者が、ファシリテーター（進行役）に導かれ、自分自身に目を向けます。4日間のセミナーの中で、何か自分の内面に関して大きな気づきの機会があると、その人の表情がまったく変わるのです。心がオープンになって、体の中からエネルギーが噴出し、光を放って輝き出すのです。決して大げさでなく、本当に人はエネルギーが内面から出ているかどうかによって、印象がまったく変わってしまうのでした。オーラが変わるのです。僕自身、自分の中からエネルギーがどっと噴き出してきたときにはびっくりしました。今までふたをして、自分のエネルギーを抑えていたのです。

「人生は、もっと楽しんでいいものなのだ」と気がつき、喜びとともに自分自身を取り戻しはじめたのです。

それまでの僕は、自分がどうしたいかというよりも、人は世間の価値観どおりに生きることが正しく、しかも、それが当然のことだと思っていました。自分の心をがんじがらめにする制限をたくさんつけていたのです。人生をもっと楽しんでいいこと、それが大きな気づきでした。

セミナーが終わると、みんなで踊るのですが、楽しく踊っていいのだと自分を許したのです。それまでは自分には踊りなどできない、踊ってはならない、踊るなんてはずかしいことと制限していたのです。

よく勉強していい成績をとり、いい大学を出て、いいところに就職し、いい稼ぎを得て、いいお嫁さんをもらい、いい家庭をつくる。それが良い人生の基本だと思い込んでいたのです。そう生きるべきだと、自分で決めていたのでした。

いままで、自分の中を見るという体験がなかったのです。自分の心が本当は何を望んでいるかを考えたこともありませんでした。本当にどのような人生を送りたいのか深く考えたこともなく、ただ成績をよくして、優等生になればいいのだと、思っていたのです。

そのため、世間でいい大学と言われている東京大学を目指し、就職を決めるにしても、いい成績をとったものが行きたがる大蔵省に入ろう、と決めていたのです。東京大学の法学部では公務員になるのがいい道だと多くの仲間が思っていました。そのために、いい成績をおさめたい、多くの科目に優を集めるのがはやっていたのです。

「優をたくさん集めて公務員になろう」、いまから考えれば笑い話ですが、優をとれば勝ち、良をもらえば負けで、自分は何勝何敗だ、なんて、法学部の学生は言いあっていました。

僕はあまり成績にこだわったわけではなかったのですが、優の数が多かったので自分は優秀なのかな、と勘違いしてしまいました。司法試験の勉強が、たまたま成績を良くしたのだと思います。

何もわかっていなかったのですが、法曹界（裁判官、検察、弁護士）に進むより、国家公務員の方が幅が広い仕事ができるのかな、と思ったのです。心のどこかで、公務員になった方が人々のためになる仕事ができると変な思い違いをしていました。何も知らない無邪気で未熟な若者でした。僕はもともと無邪気だったのでしょう。いい成績をとることは得意で、司法試験も難なく合格しました。すごく勉強したことは確かですが。

大蔵省に入ってから、20年もたってから、たまたま、英語力を磨こうと、英語で行うセミナーに参加しました。そのことが自分が予想をもしなかった方向に運命を展開させたのです。

自分を見るセミナーに参加して、自分の中をはじめて見ました。

驚いたことに、いままで楽しんでいたと思っていた公務員の仕事に自分があまりワクワクしていないことに気がついたのです。つまらないというわけではありません。普通に勤めていれば、それなりにやりがいがあり、無事に勤めを果たしてゆけば、年功序列で自動的に、地位が上がってゆき、退官してからも、いい暮らしが保証されている。そんな思いで、漫然と仕事をこなし、日々を過ごしていたことに初めて気がつきました。

気づきのセミナーといわれているものですから、やはり、自分に気づくようにできていたのです。大蔵省の先輩を見て、あの人のようになりたいな、と思うようなことがあまりないと改めて、気がつきました。ああはなりたくない、という人はいたのですが（笑）。

もちろん、社会的に見て、大蔵省の仕事は重要な仕事であり、先輩の方々の中には素晴らしい人が沢山いたことは確かです。でも自分もそうなりたい、ワクワクする気持ちはありませんでした。そのことに気がついてしまったのです。そもそも、東大の法学部を目指したのは、ワクワクするからという理由ではなかったことにも、遅まきながら気づいたのです。

大蔵省に入ってからは、人からは『わがままな奴だ』とは言われたのですが、かなり自分の思うようにさせてもらえたのでした。自分はアメリカの大学院に行って、経済学を勉強したいと強く主張して、アメリカの大学から奨学金をもらって、大学院に2年間留学させてもらったことなど、大蔵省からは特別の計らいをしてもらいました。いまでもそのことは、ありがたく思っています。大蔵省に入ってすぐ、上司に「自分の個性をだしてはいけない。大蔵省の良き歯車となれ」、と言われたのが印象的でした。いまの自分であれば「歯車にはなるな、自分自身であれ」と自分に言いたいところです！

公務員向きではなかったのかもしれません。公務員向きの個性の持主であれば、もちろんその個性を十分に発揮して、実力のある公務員として多くの人々が活躍しています。僕は本来的に、出世のためにがんばるという意欲がなかったような気がします。上司のために尽くすというところは皆目なかったなあ、と思います。

アメリカで気づきのセミナーを受けてから、自分という人間が徐々に見えてくるにつれ、公務員の仕事だけでは満足できない自分が見えてきました。日々の仕事を無難にこなしてゆくだけでは十分満足しない、「何らかの方法で自分の創造性を発揮したい」という思いが自分の中にあることがわかってきました。より自分らしくありたい、もっとワクワクすることをやってみたいという気持ちです。自分の心は本当のところは何をしたいと言っているのだろうか、という疑問が湧いてきました。

初めのうちは、具体的に何をしたいのかよくわかりませんでした。

音楽をつくること？

作詞をすること？

絵を描くこと？

詩を書くこと？

植物を育てること？

植物の品種改良？

本を書くこと？

演劇をすること？

ダンスをすること？

ヨガの先生になること？

人に何かを教えること？

司会者になること？

本を書くこと？


こうしたことはみんな20代に入る前に考えることかもしれません。

自分のしたいことをいろいろ考えてみても、そのどれもが当時の僕には無理なような気がしました。

国家公務員をしているのですから、弁護士になることはできません。現在の仕事を続けながら何か創造的なことはできないものだろうか？

そうだ、僕には英語の本を日本語に訳す「翻訳」ならできそうだ——という気がなんとなくしました。

この思いがきっかけとなって、僕は一冊の本を翻訳してみよう、と思いたったのです。

翻訳家になりたい、と思ったわけではありません。自分にできる、創造的な仕事が何かないか、まあ、翻訳ならできそう、そう思ったのです。翻訳がとても創造的というわけではありませんが、**そのとき、自分ができることをやってみよう**と思ったのです。

先の展望が見えていたわけではありませんでした。まさか、その先の運命で、自分が病気になって、仕事を辞めて、翻訳家になる、などとは夢にも思っていませんでした。けれども、やがて思わぬ事態、喘息《ぜんそく》という病気になり、翻訳を仕事にしなければならなくなったのでした。

その結果、今日まで、たくさんのスピリチュアルな本を翻訳してきました。翻訳した本は何冊もベストセラーになり、多くの方々に読んでいただけたことはとても幸せです。

振り返ってみますと、人の成長は、よい成績をとることでもなく、お金をたくさん稼ぐことでもなく、有名になることでもなく、出世することでもなく、ただ、自分らしい人生を生きることだと、いまになればわかっています。自分らしい人生を送れば、幸せになり、そのことが、自然と世の中のためになる、のだと思います。

まずは、自分の中にある思いを見つけ、その思いを実現していく中で、本当の自分に目覚めることだと思います。本当の自分を見つけさえすれば、それだけで素晴らしいことです。僕の場合は奥手だったのでしょうか、それまで、自分の中をよく探す必要もなく、いわゆる出世コース、エリートコースと言われている道に乗ってしまったのでした。そして、それが間違っていた、ということではなく、もっとワクワクすることがしてみたいな、と気づいたということです。もう人生40代にさしかかっていたのでした。人生、遅すぎることはないから、決して遅すぎたわけではありません。

自分の中を静かに見つめてみれば、自分の中に無限の可能性があると知ることができます。自分の中の「こんなことをしてみたい」という思いを発見することで、引き寄せの法則が働き出し、その思いが実現してゆくのです。自分の中に何があるかを発見することです。僕の中に『何か形に残るものを作り出せないかな』という気持ちがあることを発見したのが始まりでした。

他人の評価を基準に生きる必要はありません。国家の道具になる必要もありません。会社人間になる必要も、両親や他人の期待に応《こた》える義務もありません。自分の人生は自分で発見し、幸せになることが、この世界に愛と平和を広めることになるのです。

世界の中心はあなたです。あなたが自分を神の道具だと自覚できたとき、とても生きやすくなります。とても充実感があって、喜びが自分の中から湧いてきます。それは真実を発見した喜びです。もともと、人は神の道具として生まれてきたのですから、誰にも発見の機会はやってくるのでしょう。

『神の道具』という言葉は嫌いだ、という方は『神の子ども』という言葉ではどうでしょうか。

どうか他人からの評価を上げるためにしたくもないことをしたり、自分を変えなければならないと焦ったりしないでください。いまのままの自分を認めて、愛してください。

幸せになる鍵《かぎ》を見つけたいなら、自分の中を探すことが大切です。自分は何者であるかをよくよく見てゆけば、自分は唯一無二のかけがえのない素晴らしい存在であり、無限の可能性と力強いパワーを持っていることに気がつくでしょう。地球に生まれてきただけでもすごいことなのだと、気づくだけで、あなたはもう幸せへの確実な一歩を踏み出しています。人生は変えられます。あなたの見方を変えるだけです。焦点をたましいに当ててください。あなたがどんなにすばらしいかけがえのない存在であるかを発見するだけで、自分の思うとおりの人生が開かれていきます。人生は自分の思い通りに生きていいのです。

自分を100%受け入れる

あなたは自分に優しくしていますか？

自分に十分に優しくない人がいます。

どうか、いまのままのあなたを100%受け入れてあげてください。

自分を責めたり、自分なんてだめな奴だと一度でもけなさないでください。

自分をけなしているのはあなたの大きなエゴだと気がついてください。

エゴは本当のところは何にも知らないのです。あなたのすばらしさにまだ、気がついていないのです。

自由に生きるためには、まず自分を許し、自分を愛することから始めましょう。

僕たちは、この世に生まれたとき、すべての条件を自分で選んで生まれてきました。

そう思えますか？　思えないかもしれません。選んだときのことを憶《おぼ》えていないからです。でも、すべてを選択して、ここにやってきたのです。

たましいのレベルから自分を見られるようになると、それがわかってきます。あなたは、生まれる時代も、国も、親も、兄弟も、性別も、容姿も、地球上で出会う人たちも全部自分で選んでこの時間と空間の現世、３次元の世界にやってきたのです。

日本では『縁がある』という言葉を使います。縁があって、親子として生まれたり、友人になったり、恋人同士になったり、結婚したりしているのです。「見えない赤い糸」という有名な言葉も聞いたことがあると思います。私たちはみんな見えない絆《きずな》に結ばれて、この地球上で、お芝居をしているのだと思えませんか？　もしかしたら、セリフまで決まっていたりして。

自分で選んできたって？　えっ？　そんなこと、ぜんぜん身に覚えがない？　思ってみたこともなかった、という人もいるかもしれません。

大丈夫。みんなそうなのです。誰も憶えていません。僕も40歳を過ぎてから、初めてそんなことを聞いて、驚いたものです。1984年、アメリカにいたとき、「人は両親を選んで生まれてくる」と初めて聞いて、驚きました。でもその考え方はとても新鮮でもあり、衝撃でした。

確かに、自分が生まれるときにした選択を覚えている人はいません。

それはなぜなのでしょうか。

ここで輪廻《りんね》転生の考え方を見てみましょう。輪廻転生の考え方は人生にとても役にたつ考え方なのです。

私たちが、ただ何の目的も持たず、生まれてきたと思うよりも、たましいのレベルから考えて、ある目的をもって、ここに生まれてきた、という考え方をした方が、きっといい人生を生きられるのです。輪廻転生の話は世界中にあります。そう考える方がつじつまが合います。狭い考え方でなく、意識が広がった考え方なのです。科学で証明できないことなど、まだまだ、たくさんあると思いませんか?

前世、今生、来世という言葉を聞いたことがあると思います。日本人にとっては、宗教的な響きを持つかもしれません。いま、この考え方は世界中に広がっています。

輪廻転生の考え方によれば、魂は永遠の存在であり、肉体という乗り物を借りてその一生を終えると、来世では、また別の肉体に宿って生まれ変わります。

そして、その肉体に備わる条件は、前世で学び足りなかったことが経験できるように自分で選んでくるのです。

しかし、前世の記憶は消えてしまい、自分で選んできたということも忘れるようになっています。それが一番いいことだからでしょう。

なぜなら、生まれ変わったのに前世でのつらかった記憶をとどめていると、今生を生きるだけでも大仕事なのに、前世の問題を抱えてしまうことになって、大変だと思いませんか？

「また、あんな苦しい思いをして一生を送るのか」とトラウマだらけになってしまうでしょう。そんな思いをしないためにもまっさらな新しい人生をはじめられることこそ、なんという恩寵《おんちょう》、大いなる宇宙の愛情豊かな計らいなのでしょうか。

いまはアクエリアスの時代です。輪廻転生がわかってもいい時代が来ているのです。

時期が来た人から、輪廻転生は本当のことだと思えるようになるでしょう。宇宙の秘密が少しずつひも解かれてわかるようになってきています。死ぬことは忌み嫌われることではなく、この世を無事に終了して、あの世に帰る、祝福すべきことに変わるかもしれません。

死ぬことを怖がっても仕方ありません。誰もがいつかは死を通り過ぎます。私たちは永遠の存在で、死んでからも、あちら側に別の世界が開けているのです。

人の一生は、たましいがこの地球上でさまざまな体験をし、成長するためにあります。

自分の中で「ここが足りないな」と思っているところは、前世で学び足りなかった部分であり、だからこそ、いまの人生でそれがクローズアップされてきます。

ほとんどの人が今生で思い出さなければならないことは、自分がたましいの存在であるということです。たましいが本当の自分です。

人生の出来事のすべては、本当の自分に気づくためにある、と言っても過言ではないでしょう。『エゴからたましいへ』の気づきこそが、いま、私たちに起こっていることです。

あなたがたましいのレベルから人生を見ることができたら、どんな世界が見えることでしょうか？

自分を過小評価したり、自分に起こっていることに対して、自分を責めてはいませんか？

自分を十分に評価していないと、必要以上に遠慮がちになったり、おどおどと引っ込み思案になったりしてしまいます。

自分の劣等感や引け目には、ただそれに「気づく」だけでいいのです。

「ああ、自分はここに自信がないんだな」

「こういうところが行動を制限しているな」

自分の中に大きな劣等感があると気がついたら、それはどのようにして身につけてしまったのかをよく見るようにしましょう。幼い子どものときの体験、小学校、中学校、高校生のときの自分を振り返ってみることが大切です。

原因がわかれば、少しずつ改善されていきます。

劣等感を克服してゆくことが、人生のバネになると言っているマスターもいます。

そのマスターはこう言っています。

「誰にでも劣等感はある。人間はそのようにできているのだ。エゴから開放され、たましいの段階で生き始めると、なあんだ、人はすべて平等のたましい、つまり神の子どもなんだ、と気がつき、劣等感は薄らいで、自信が出てきます。人は本来、平等なのです」。

差別をしているのはエゴです。劣等意識の強い人もエゴが強いのです。そう言うと、驚かれる人もいます。エゴは優越感だけだと思い込んでいたのでしょう。

前進するペースは人によってぜんぜん違って当たり前です。他人と比べる必要はまったくありません。ゆっくりと楽しみながら、生きればいいのです。今日一日を大切に生きましょう。

あなたは、そこにいるだけで、十分にすばらしい存在だと知ってください。

くれぐれも自分を責めないことです。

「○○をしなければならない」と、自分を追い詰めないでください。

「こうあるべき」だと、自分を縛りつけないでください。

何かが足りない気がしても、あなたはいまのあなたのままで十分なのです。

足りないなんてことはありません。エゴがそう思い込んでいるだけです。

『私は十分です』と声を出して言ってみましょう。英語では「I am enough」と言います。


いま、どんな自分でも、許し、受け入れてあげてください。

どんなにダメに思える自分でもです。

他人があなたをどのように判断し、非難しようと、それは他人の勝手です。他人を変えることはできません。大切なことはあなたが自分を判断、非難しないことです。

あなたが自分に優しくし、自分を十分に評価してあげればいいのです。**すべては自分なのです。**他人は関係がありません。このことがわかるだけで、あなたは生まれ変われます。

自分が自分を高く評価してあげればいいのです。練習しましょう。もう自分を悪くは言わないことです。

そうすれば、自分で自分に向けていた刃で傷つくことがなくなります。

温かなエネルギーを自分に注げるようになり、それが自信を深め、人生が楽になり、心地よく生きられるようになります。

もう一つ大切なことは、人生のすべての経験を十分に味わうことです。人生は経験することです。どんな体験も貴重で、大切だと評価しましょう。自分では味わいたくない体験であったとしても、たましいが、味わう必要があるよ、と引き寄せているのです。ですから、人生にむだの一つもありません。抵抗しないことです。あなたは何に抵抗しているのか、気づいてください。それは抵抗しなければならないことですか？ 受け入れて、抱きしめてあげましょう。それが学びを促します。

そこにはきっと大切な気づきがあります。気づきを得れば、体験は変わります。気づきが深まるに従って、たましいは成長し、自分への愛がどんどん深まっていきます。

自分の中の傷や思い込みを手放し、よけいな決めつけによる苦しみと決別できるのです。

神は「自分の中」にある

信仰心はとても大切です。でも宗教が必要だということではありません。「大いなる力」の存在を信じることは、生きていく力になります。「神様、お助けください」と祈りましょう。神は自分の中、自分の外、どこにもいます。自分の中にあふれるパワーに気づきましょう。それこそが、自分の中の神の力なのです。

誰もが神とつながっています。人のたましいは神の一部なのです。あなたを救えるのは、あなた自身です。

あなたの中の神の力です。あなたのたましいの力です。あなたの愛の力です。

僕は、宇宙が神だと思っています。
宇宙のエネルギーすべてが神です。
するとすべては神のなせる業だとわかります。
宇宙に存在するものは全部、神のエネルギーが具現化したものです。
だから、そよぐ風にも、小さな虫一匹にも神は宿っています。
この世のあらゆるところに神はあふれています。
青い空、白い雲、緑の木々、山、海、川の自然、すべては神そのものです。
そしてもちろん、あなたの中にも、僕の中にも、神がいます。
私たち一人ひとりが神そのものです。
困ったときには呼びかけてみてください。「神様、助けて!」と神頼みすることが
僕はいいと思っています。神は絶対にあらゆるところにいて、祈りを聞いて、守って
くれるからです。神なんていない、なんて思わないでください。あなたが神の一部で
す。いつも神と一緒です。そのことに気がつけば人生がうまく回り始めます。「神様
ありがとう」と僕は素直に毎日、機会あるごとに言います。神に愛されているという

実感があります。

僕には宗教はいりません。神はどこにでもいると知っているからです。「あなたが宗教をしているのに、宗教はいらない、なんていうのはおかしい」と言われたことがあります。誤解しないでください。僕は宗教などしていません。信心深いだけです。宇宙の神を信じているだけです。僕が宗教をしている、と判断するなら、それにも抵抗しません。僕の宗教の信者は僕一人です。**ひとり宗教**、でしょうか。

僕は宗教は組織だと思っています。一人では組織ではない、と思うからです。宗教を信じているのではなく、神を信じているスピリチュアルな人間です。日本の社会では、宗教とスピリチュアルであることを混乱し混同しているのです。西洋社会では宗教と、霊性は別のものです。だから、僕は宗教はいらない、と宣言します。

みんな、自分を信じる、「ひとり宗教」の信者になるといいですね。それこそが大切な信仰心なのです。

この世のものはすべて神が創造したものですから、宗教も神がお作りになっている。しかし、やがて、宗教同士の争い、内部の権力争い、分裂が起こり、上下の支配関係、資金集めの道具にされる、などの組織の問題が必ず起こってきます。問題が現れるのは私たちが何か重要なことを学ぶためなのです。宗教が必要な人には、宗教をお任せしましょう。自分の中の神を発見することをお勧めします。すると、すばらしいことが起こってきます。

宗教は歴史的に見て、野望実現の道具になったり、権力争い、戦争、資金集め、圧力団体になったりしました。もちろん、それも神の愛の中での学びのために起こったことです。すべてこの世にあるものは必要で存在しています。無駄なものはありません。私たちがそこから大切なことを学べばいいのです。

自分の外にあるものをとやかく言うより、自分の中のたましいを最優先しましょう。自分の幸せを第一にしましょう。幸せな人は世界に愛と平和を広げる神の道具になるからです。

宗教が無数に存在するのは、いまのところ、それを必要としているからです。無駄なものは一つもありません。

宗教と信仰は別のものです。また宗教とスピリチュアリティ（霊性）も別のものです。日本では、そのあたりがとても混乱しているのです。

そのため、宗教に入らなければ信仰できないと勘違いしている人がいますが、神は宗教の中にのみ存在するわけではありません。

神は、自分の中にあるのです。神はあなたの中にあります。つまり、あなたは神です。

僕たち一人ひとりが自分の中に神を見つければ、宗教団体に入らなければならない、ということはありません。あなたは最初から神とともにいます。神の愛に包まれているのです。息を大きくしてみてください。あなたは神とともにある、と実感しませんか？

神の愛に包まれていると、感じましょう。自分は神である。自分は神の愛の中にいる、という感覚が大切です。どう感じるかが大切です。神の愛の中にいるのですからリラックスしてください。大きく、深呼吸しましょう。

大いなる宇宙は、この星に生きるすべての存在を守ってくれています。

自分が求めれば、宇宙は手を貸してくれます。夢に向かって、堂々と進んでください。

あなたはいつも宇宙に守られているのです。

果実は、追い求め、探す人に与えられるのです。あなたは何を探しますか？「幸せ」を探してください。

自分に聞いてみましょう。

「いま、幸せだろうか？」と。

人は誰でも、幸せになれます。

もしも、いま不幸せだとしたら、幸せへの道を探しましょう。

幸せは、外的な状況や存在に影響されるものではありません。

あなたの心の中の状態です。安心の心、感謝の心なのです。

あなたを取り巻く外側の状況ではありません。深刻な問題を抱えながらも幸福を感じている人はたくさんいるのです。

幸せになるためにまず必要なのは、幸せになろうと決めることです。

希望を叶《かな》え、幸せにしてくれる神は、すべての人の中に、そして、あらゆる場所に存在しているのです。幸せになるのはあなたのパワーです。そして幸せになるのは、あなたの生まれながらの権利です。

被害者も犠牲者も存在しない

人は自分を制限し、自分を縛り、自分にレッテルを貼って生きています。

そして、そのことに気づいていません。

ひとたび自分に負のレッテルを貼ると、すべてのできごとが、自分をいじめる存在に思えてきます。

しかし、この世に被害者はいません。「被害者意識」があるだけです。

被害者にならないこと。

犠牲者にならないこと。

本当のところは『被害者』も『犠牲者』もいないのです。

レッテルというものは普通、他者が貼るものと考えがちですが、人は知らず知らずのうちに、自分自身にもレッテルを貼っています。

「私は運がいい」
「自分にはいいことばかりが起きる」
「自分は恵まれている」

といったプラスのレッテルを貼りましょう。

プラスに考えると、それが実現するからです。

「自分ばかりが嫌な目に遭う」
「みんなから虐げられている」

といったマイナスのレッテルを貼っていてはいけません。

ネガティブなレッテルを貼っているのは自分のエゴです。

レッテルを貼っていると、それにあったことを引き寄せてしまいます。

ちょっとしたことを必要以上に考え込んだり、人の何気ない言動におびえたりして、自分を被害者や犠牲者として認識するようになってしまうのです。

人がこの世に生まれてくる目的は、すべての体験から何かを学んで、自分の本質がたましいであることを発見し、幸せを見つけることです。

自分に起こることは、すべて、自分が引き寄せています。

たましいがより深い学びを得られるように、次々と必要なことが起こってきます。

愛する人に別れを告げられた、信頼していた相手に裏切られた、自分はいいように利用されていた……そんなことが起きれば、最初は誰でも驚き、嘆くかもしれません。

でも、少し落ち着いたら、こう考えてみてください。

「おかげさまでいろいろ経験できました。本当に、ありがとう」

自分が被害者、あるいは犠牲者ばかりを演じていたら、自分の中の力が十分に発揮できません。自分が弱者だと思っている人は、自分がいつも被害者を演じていないか、自分のことを良く見てください。自分が経験したくて、すべてを引き寄せたのだと考えれば、被害者や、犠牲者にならずにすみます。被害者になっている限り、負け犬になってしまうのです。

どんな経験からも得るものがあるはずです。ぜひ、そこに注目してください。

自分がいつも被害者を演じるくせがあったら、それに気づきましょう。

「あいつのせいでこうなった」「親のせいだ」「友達のせいだ」「先生のせいだ」「社会が悪いからこうなった」「時代が悪かった」

原因を外に探すのは楽な生き方のように見えますが、楽な生き方ではなく、環境に支配されたつらい生き方です。自分の中のパワーを萎《な》えさせてしまいます。


いいことばかりが起こり、何の悩みもなく生きているように見える人は、幸せを見つけたから、すべてがうまく展開するようになったのです。だからこそ、いいことばかりを引き寄せているのです。

まずは自分がいかに幸せ者であるかを発見してください。あなたが幸せであれば、いいことばかりが起こってきます。


努力をするのは楽しいものです。でも悲壮感を漂わせたり、悲観的になったりしないこと。目標を定め、楽しみながら、努力できること、それが、幸せをつかむコツです。

幸せになるコツを会得してしまえば、あとは、努力もいりません。自分が楽しいことをすればいいのです。がんばらなくてもよくなります。らくらく幸せを感じ、人を助ける余裕さえ生まれるのです。

いま、たくさんの問題が山積みになっていて身動きが取れないという人でも大丈夫です。

ピンチはチャンスであり、気づきを得るためのできごとだったと、あとで思い返せるときがきっとやってきます。

僕自身、ひどい気管支喘息《ぜんそく》で死ぬ思いをしました。一番つらかった3年間は、まるで地獄のようでしたし、少し快方に向かってからも、油断のできない状態が続きました。

合計すると7、8年間、闘病したことになりますが、いまはありがたい経験だったと思っています。二度と繰り返したくはありません。病気によって、仕事も楽な方向に変わりました。古い権威を重んずる考え方から、自由になりました。あまり丈夫でなかった体から、健康な体に生まれ変わることができました。何よりも、ディシプリン(自己規律)のある健康的な日常生活を送るようになっています。毎日よく歩き、ヨガや体操や瞑想《めいそう》をしています。

不運だと思われることも、あとになってから振り返ると、幸せになるために必要な体験だったと思えることは、人生には何度もあります。いまでは、「すべてのことは良くなるために起こっているのだ」と認識するようになりました。

「すべてのことは良きことのために起こる」とわかれば、あなたはもうマスターです。

すべてのことを、まずはありのままに受け入れましょう。

抵抗したり、大騒ぎしないで、一度静かに受け入れ、それから対処法を考えても遅くはありません。冷静な対応ができれば、一見、悲劇的に見える出来事も、あなたにとって必ずプラスの経験になるはずです。

被害者、犠牲者の役割を演ずるのはやめましょう。

どんな問題が起きても、まずは「YES」と受け入れるのです。

これを習慣にすると、悲劇はなくなります。すべてがすばらしい体験に変わります。

人は波動の同じ人を集める

人も物もすべては「波動」を発しています。

波動が細やかで高ければ、きっとすばらしい人に出会えるでしょう。

あなたの愛の波動を高め、よい友達の仲間にはいりましょう。

あなたの愛の波動が高まると、好ましい人が、あなたの元に自然に引き寄せられてきます。波動が合わない人とはなるべく会わないようにすればいいのです。

どうしても会わなければならない状況におかれているのなら、仕方がないですね。

きっと、この出会いも、自分に何かの学びをもたらしてくれる神様の配慮だと思いましょう。自分を十分に愛してください。すると、自分に起こってくることも変わります。自分を十分に愛すると、同じ波動の人が周りに集まってくるからです。

初めて会ったときから、何だかウマが合いそうだと感じる人がいます。

逆に、初対面なのに、「何となく虫が好かない」と感じることもあります。

今生出会う人はすべて何かの必要があって、出会っています。縁があるのです。


周りの人のことを、あなたはいま、どう思っていますか?

「自分は友達に恵まれている」と思える人は、すばらしいです。

それは、あなたの「波動」にいい友人を引き寄せるパワーがあるからです。

また、あなたに魅力があるからです。愛の波動を放っているのです。

波動とは、人が発する周波数のようなものです。あなたが、自分を愛し、さらには自分を包む大いなる愛を感じるようになれば、波動は高まります。あなたは心が満ち足りて、平和になり、幸せを感じているでしょう。

愛の波動を発している人の周りには、同じ波動の人が集まってくるのです。


逆に、「どうしてこんなに嫌な奴ばかりなんだ。誰もが信じられない」と思っていると、あなたの波動が荒くなり、ますます、嫌なこと、嫌な人々を引き寄せてしまいます。この世のすべてに悪態をつきたいような思いに囚《とら》われ、被害者意識や疎外感にさいなまれているとき、あなたの波動はとても荒くなっています。

悪口やスキャンダルばかりを扱う週刊誌が増えています。あまりそうしたものに飛びつかないことです。苦手だなと思う人は、あなた自身の欠点や弱みを具現化している人かもしれません。自分の鏡です。あなた自身を見つめるためのいい「先生」かもしれません。

あなたが出会う人は皆、どんなに嫌な人であろうと、あなたを助けるために現れている恩人です。すべての出会いを大切にしましょう。避けられるのであれば、波動の低い人とは会わないようにすればいいのです。

あなたの愛の波動を高めて、すばらしい人間関係を築くにはどうしたらいいのでしょうか。

それは——、

ありのままの自分を認める。
ありのままの自分を心から愛する。

本当の自分を知る。
信心深くなる。
おごらない。
正直である。
人に優しい。
エゴに支配されていない。
目の前のことに誠実に取り組んでいる。
間違えたと思ったら素直に謝る。
心から感謝できる。
宇宙からのメッセージでもある「直感」を信じて行動している。
過去に囚われず、未来を心配しないで、いま、この瞬間を生きることを知っている。

すべてを完璧《かんぺき》にやろうとしなくてもかまいません。
ただ、良心に従って、自分のできる範囲で行動すればいいのです。
そうすれば、あなたの人生の質は次第に向上していきます。
人生の質が高まれば、波動も高まります。

すると、あなたは周りの人にすばらしいエネルギーを送り始めます。

あなたといるとそれだけで、周りの人がよい波動を受け取り、幸せになります。

あなたが、生きることの幸せを感じていればいるほど、あなたの波動は高くなり、あなたの波動は周囲の人々に影響を与え、彼らを癒《いや》します。

そして、癒された人々の波動もまた高まる……こうして、心地よいプラスのスパイラルが続いて世界が変わります。あなたの存在そのものが、愛と平和のエージェントになっているのです。

自分の好きなことをしていい

これからは本当の自分を生きましょう。
自分の本当に好きなことをして生きてください。
生きる意味や自分の才能に目覚めて、
いまよりも、もっと充実した人生に変わっていきます。
宇宙は常にささやいています。
「あなたには無限の可能性がありますよ」
さあ、いまあなたのいる場所から始めましょう。
いまやっていることが、あなたのいまやるべきことです。
いまやっていることに愛をそそぎ、心から楽しみましょう。
すると、人生がどんどん良い方向に開けてきます。

「生活のために働く」「家族のために働く」

それはとても大切なことです。いまやっている仕事を愛し、力を十分に注いでいれば、やがて、自分が好きなことだけをしていればよい人生が開けてくるでしょう。

あなたは、いまいる場所で、いましていることをしっかりとやりきってください。すると、道が開けてきます。

あなたはいまの仕事に満足と充実感を感じていますか？

好きなことを仕事にしていますか？

「自分が本当にやりたい仕事をする」

「自分の才能を活《い》かして仕事をする」

「『好き』を突き詰めたら仕事になった」

このような人をいいなあと思いませんか？

大丈夫、あなたもなれます。

「そうしたいのはやまやまだけど、人生そううまくはいかないよ」

と、反論する人もいるかもしれません。はたして、そうでしょうか。

僕たち一人ひとりは、みんなそれぞれ天賦の才能を与えられているのです。自分が本当にしたいこと、自分の夢に向かって進みましょう。いまはまだでも、夢は必ず、実現します。

持ち前の才能を発揮するとき、人は最高の充実感を得ます。得意なことをやり、才能を表現しているときは、頭では考えていません。たましいに導かれ、感性の赴くままに創造の翼を広げています。

自分が本当に好きなことを仕事にしましょう。ワクワクすること、たましいが震えることを見つけましょう。誰にでも天職はあるものです。自分を信頼してください。

自分の才能を十二分に発揮するためには、自分を愛することが一番重要です。

壁にぶつかったとき、

「まだまだ！　ここで終わる自分じゃないさ」

「もう少し続けてみよう」

と考え、発奮できるかどうかは、自分自身を愛し、信頼しているか否かで決まります。

人生でやりたいことは、全部やってみましょう。

きっとあなたにはできます。遅すぎるということはありません。

そうはいっても、自分の才能や、やりたいことが何なのかわからないという人もいるでしょう。

それでも大丈夫です。子どものときを思い出してください。きっと夢があったはず。楽しいことがあったはずです。子どものとき、何が得意でしたか？　何をしているときに充実感を感じましたか？　誰もが自分をよく見てみれば、自分がしてみたいと思っていることがきっと見つかるはずです。

自分にきちんと愛情をかけてあげましょう。

愛を持って自分と接している人ほど、才能がどんどん豊かになり、人生が楽しくてしかたなくなるのです。

才能を発揮することは、本当の自分を生きることにほかなりません。

いまは自分の好きなことができない、という場合もあるでしょう。

そんなときは、いまやっていることを心を込めてやってください。

いまやっていることは、自分がいま、やるべくして、やっていることなのだと発見できるかもしれません。

心の命ずるまま、好きなこと、やりたいことを貪欲《どんよく》にやってみること、それが、成功の秘訣《ひけつ》です。

本当の自分を生き、自分に合ったことをしていれば、その過程で苦労があったとしても必ず、乗り越えられます。自分が熱中できること、情熱をもってワクワクすることをしていれば、どんな困難もそれが困難だとは思えず、必ず克服できます。道は開けてきます。

まずは自分の中を探してください。

自分の道は自分が知っているのです。

あなたはやるべきことを決めて生まれてきているのです。

いま、あなたがしていることこそ、あなたが、いますべきことなのです。

逃げないこと。抵抗しないこと。愛すること。あなたはいつでも、大丈夫です。

自分をもっと愛していい

自分が何者であるかを探しているうちに、自分がいかにすばらしい存在であるかを発見します。

あなたはそのために、がんばってきたのです。

ここにいるのはそのためです。

自分の中の光を認めましょう。自分の中に愛を見つけましょう。

自分の中に神のパワーを発見しましょう。

あなたは、いまのままで完璧《かんぺき》であると気づいてください。

いまいる場所こそ、いまいなければならない場所です。

さあ、その完璧さを受け入れ、愛してあげましょう。

宇宙の万物には、存在する意味や目的があります。

もちろん人間もそうです。

人生の目的に気づいたとき、人は、自分がかけがえのない宇宙で唯一のすばらしい存在であることに気づきます。生きていく意味をはっきりと知るのです。


僕の生きる意味は、大いなる宇宙の愛をみなさんに伝えることだと思っています。

1985年にアメリカのワシントンD.C.で、アレキサンダー・エヴェレットという人のスピリチュアル・セミナーに出席したとき、彼は『自分の使命はこの地球上に愛と平和を広めること』だと言いました。それを聞いたとき、僕もそのために生まれてきたのだ、と直感しました。

そして『僕もそうです』と心が震えました。たましいが震えたということでしょうか。


いま、この本を読んでおられる方の中に『自分もそうだと思う』と感じる方もいることでしょう。

もし、あなたの胸が震えたら、すばらしいし、それは僕にとってもとても嬉《うれ》しいことです。

「あなたはこの地球上に愛と平和と自由をもたらすために生まれてきたのですよ」と気づかせることが、僕の目的だからです。この本を書いているのもそのためです。

「誰もが完璧だから、そのままでいい」

「僕たちは宇宙に守られたかけがえのない大切な存在」とお知らせすることが、僕の使命だと思っています。『人は輪廻《りんね》転生をしている永遠の存在』『あなたはそのままですばらしい』と伝えることも、同じ使命の一環です。

このことに気づいたからこそ、僕は勤めていた大蔵省を辞めることができ、生活が一変しました。ひどい病気もしました。それは自分がその病気を体験して、自分を根本からたたきなおすためだったのです。その時点から現在に至るまで30年間、歩んできた道は平坦《へいたん》ではありませんでした。幸いなことに、僕はいまはとても幸せで、穏やかな心で生きています。そして、すべてはこのままでいい、ペースは違うけれど、誰もが同じ道を歩んでいるのだと、知っています。人はみんなそのままでいいのです。いつか、そのときがくれば、必ず目覚めます。人間はすごい勢いで、進化しているのです。エゴからスピリットへ、エゴからたましいに目覚めるようになっているのです。

宇宙の英知は完璧です。
その一員である僕たち人間もまた完璧です。
このことを憶《おぼ》えておきましょう。
「あなたは完璧です」
「いまのあなたでいいのです」
「悩みが多くていいのです」
「欠点だらけでもいいのです」

「自分は足りないところだらけ」「自分はダメ人間」

なんて思っている人もそれはいま、エゴがそう思い込んでいるだけです。本当のあなたは足りないところのない十分な存在です。ダメな人間なんて一人もいません。

自分には十分な価値がない、と思っている人は、自分の中のパワーにまだ気がついていないだけです。自分のすばらしさにまだ気づいていないのです。

もっと自分を見てみましょう。あなたには、いいところがたくさんあります。

もっともっと、自分を愛し、もっと自分を評価しましょう。

世の中はジャングルのようなもの。いろいろな人がいます。

でも、突き詰めていくと、この世に存在するものは、みんな同じものからできているのです。科学が好きな人は、すべてを作っているものは原子だと知っています。原子は陽子とその周りを回転している電子に分解できます。すべては同じものからできているのです。


日々生きるのが大変な人もいるでしょう。就職しようとしても就職がうまくできない人もいるでしょう。世の中が不平等にできていると思う人もいるでしょう。

でも、人生のどこかで、被害者意識から抜け出さなくてはなりません。

自分の人生は自分ががんばらなくてはならないのです。

自分の中のパワーに目覚めなければならないのです。


人づき合いに疲れていることで、自分への愛が薄れている人もいるかもしれません。

でも、みんな一人残らず、そのままで完璧です。

疲れていたら、休みましょう。

病気の人は、健康回復を第一の仕事だと思いましょう。

あなたはまず、自分のことを中心にしてください。

他人のことは、気にしないことです。

本当の自分を知り、自分を大事に大切にできるようになればいいのです。

人の悪口を生きがいにしている人も確かにいます。

性格の悪い人も確かにいます。そういう人は自分の素晴らしさに気がついていないだけのことです。まだまだ、エゴだけに支配されているのです。

「自分を愛する」ことができるようになると「自分に自信を持つ」ことができるようになります。自分の本質を知り、自分の中に愛を見つけること、なにもかもが自信に繋《つな》がります。

自信がない人は、まず、自信がないと気づいたことをほめてあげてください。

自信がないと自分が信頼できないため、何事もうまくゆきません。でも自分には自信がない、と気づいているだけでもたいしたものです。気づかないままに疲弊していくよりずっといいと思います。

心の中の暗雲に気づかぬままに日々を送っていると、病気になってしまうこともあります。

さあ、自分に自信を取り戻す方法を見つけましょう。

自分のダメな部分ばかりにフォーカスしていませんか。

それはエゴの遊びだと気がついてください。

エゴを信用してはいけないのです。自分がいま、自分をどう思っているかをよく見ることはとても大切です。自分が好きですか？　自分が嫌いですか？　自分を愛していますか？　自分を批判していませんか？　自分を許していますか？　エゴは本当の自分ではありません。

エゴはあなたの頭脳です。頭脳があれこれ、自分を過小評価し、判断を下し、自分なんかダメなやつだと、悩みを抱えているのです。

それを観察しているのが、本当のあなたです。あなたのたましいです。

エゴからたましいへの転換が起こると、いいことがたくさん起こってきます。

まずは意識的に生きましょう。自分をとことん、愛しましょう。自分のすべてを許しましょう。

たとえば、「お風呂《ふろ》に入ったら、体は隅々まできれいにする」というような一見些《さ》細《さい》なことも、自分を意識するには効果的です。

体はあなたの家です。乗り物です。あなたの大切な持ち物です。たましいの神殿です。大切にしましょう。運動をする。清潔さを保つ。バランスのとれた食事をする。自分を大切にすることは、肉体の健康を保つことです。意識的に生きることで、健全な肉体を保ち、自分への愛も深まります。

心身ともにリラックスできる習慣を持ちましょう。

僕は、自分の家の寝室のベッドの上に転がって、窓の外の空を眺めるのが大好きです。

庭の大きなドングリの木の枝が天空に伸び、日の光を浴びています。人の生き方、木々のいのち、小鳥たちの動きを見ている時間はすばらしいひとときです。すべては愛の中にあって、すべての出来事も愛の中の出来事だと思うと、すべてをありのままに認めることができ、幸せを感じます。自分のことを許し、感謝し、愛することで、自分をもっと好きになれます。

自分を愛している人は、人のことも大切にします。そのため、周りの人にも好かれ、頼りにもされます。

一度きりの人生、いつもしかめ面をして、自分嫌いで過ごすのはもったいないことです。

まずは自分のことを100パーセント受け入れ、自分をとことん愛しましょう。

自分を愛しさえすれば、あなたはいつも明るい波動を放ちます。

幸運の女神は、自分を十分に愛しているあなたに微笑みます。

感謝の言葉ですべてがうまくいく

周りを見回してみてください。
「ありがとう」を言いたくなることがいっぱいあふれていることに気がつくでしょう。
美しい夕焼けも、さわやかな朝日も、緑の木々も、美味《おい》しいご飯も。
そして、あなたが、こうしていま、大きく深呼吸できて、生きていることも。
感謝の気持ちを常に抱き、「ありがとう」を口癖にしましょう。
幸せに囲まれた自分を、もっと好きになれるはずです。
いつの間にか悩みは消え、いいことがどんどん起こるでしょう。

恥ずかしいことですが、かつて僕は「ありがとう」が言えない人間でした。

一生懸命勉強して、幸い成績もよく、いい大学に入って、世間から認められる職業に就きました。

大蔵省に勤めたり、外交官をしたり、国連機関や、世界銀行など国際機関で働いていると言うと、人から「すごいなあ」と言われたものです。仕事も順風満帆で、すべてが滞りなく進んでいました。

そのせいか、僕は、自分に起こるいいことはすべて自分の手柄だと思い込んでいました。実際は、どれだけたくさんの人が僕に力を貸してくれたかわかりません。

でも、あることをきっかけに僕は変わりました。

喘息《ぜんそく》という病気をきっかけに大蔵省を辞めて、しばらくした頃に参加したセミナーでのことでした。

意識教育研究所というところで、波場《はば》武嗣《たけつぐ》先生という方が行ったそのセミナーの後で、すばらしいことが、起こったのです。

セミナーでは、参加者全員が手をつないで輪になり、

「お父さん、ありがとう。お母さん、ありがとう」と、何度も繰り返し唱えさせられました。

僕は正直、つまらないな、幼稚だな、まるで、幼稚園の子どものようだ、と思いました。

でもセミナーに参加したのですから、精いっぱい、子どものように声をはりあげて、「お父さん、ありがとう、お母さんありがとう」と何回も、何回も唱えました。もういやになるほど長く、そのゲームは続きました。

帰宅後のことです。

その夜、宮下富実夫《みやしたふみお》さんの瞑想《めいそう》音楽を聞きながら、うとうとと眠ってしまいました。

すると、セミナーでさんざん繰り返し、唱えた「ありがとう」の言葉が自然と口から出てきたのです。

父の顔、母の顔、学校の先生の顔、子ども時代の友だちの顔、兄弟の顔、お世話になった人々の顔、顔、顔が……一人ずつ順番に出てきました。僕はその一人ひとりに向かって、「ありがとう」、「ありがとう」と言っていました。「ありがとう」の言葉をかける人々の顔は延々と続きました。思ってもみなかったことが起こったのです。驚くほどたくさんの人たちの顔が次々に現れたのです。そして、僕の「ありがとう」の言葉が止まらないのです。まるで映画のような鮮やかな夢でした。まるで洪水のように「ありがとう」が、僕の口からあふれ続けました。

イメージはさらに膨らみ、今度は世界各国の地図がどんどんと大きく浮かんできました。

僕は夢中で、

「アメリカ合衆国のみなさん、ありがとう」

「中国のみなさん、ありがとう」

「アフリカ大陸のみなさん、ありがとう」

……と、なかば無意識と意識の間で、叫んでいました。

さらにイメージは転換しました。

僕の体はどんどん大きくなり、地球をはみ出して宇宙に広がり、ついには宇宙と重なり合って一つになってしまったのです。

夢だったのか、不思議な体験でした。自分でも、どう受け取っていいのかわかりませんでした。

隣の部屋にいた亜希子は、急に僕が「ありがとう、ありがとう」と大声で叫んでいたので、びっくりしたそうです。彼女は、これでよいのだ、病気は治るだろう、と思ったそうです。この事件は、わが家では「ありがとう事件」と名づけられています。僕が感謝できる人間に変わった記念すべき日となったのでした。いまではバスを降りる時でさえ、「ありがとうございました」と運転手さんに大声で言っています。

セミナーに参加していたときは、さほど得るものはないような気がしていたのです。家に帰った僕に、亜希子が「どうだった？」と聞いたとき、「特に新しい気づきはなかったよ。たいして面白くもなかったよ」といいました。でも、家に帰ってからも、セミナーが続いていたのです。それは僕にとってはとても良いセミナーだったのです。驚くべき体験でした。

何年も悩まされた僕の喘息は、その日を境に快方に向かったのです。とてもつらかった喘息ですが、感謝の気持ちが足りなかった僕が、誰にでも、何事にも、感謝することができるようになったことで、体に変化が起こったのです。つらかった喘息でさえ、僕の浄化を助けてくれていたのだと気がつきました。『喘息よ、ありがとう』という本を見つけて買ったのは、それから間もなくのことでした。その本がさらなる場所へと僕を導いてくれました。

この世で、いま苦境にある人はたくさんいるでしょう。

でも、それも、実のところは、なんであれ、大丈夫だと僕は思います。

必要でやっているのだ、と断言したら、酷でしょうね。他人のことはともかく、自分に起こってくることを、すべては自分が引き寄せている必要な体験なのだ、と捉《とら》えることができるようになれば、状況は変わるでしょう。自分が引き寄せたのだからと自分を責めてはいけません。まずは自分を責めないことです。その上で、自分は必要な体験を自分で引き寄せて、たましいを磨いていると、解釈してください。

つらいことがあっても、それを体験することによって、大切なことを学んでいるのです。つらいときは自分を誉めてあげましょう。自分は勇気のあるたましいなのです。

「ありがとう」を無邪気に1日10回以上、機械的に唱えるだけでも何か状況が変わるでしょう。心から唱えられたら、もう大丈夫です。

自分に起こることすべては必要で起こっている、とあなたはもう受け入れられますか？

ハワイに伝わる、心の洗浄と癒《いや》しの方法、「ホ・オポノポノ」のスピリットが僕は好きです。「ありがとう」「愛しています」「ゆるしてください」「ごめんなさい」の4つの言葉を唱えるだけで、自分を癒してゆくのです。言霊には力があると思います。

これらの言葉を唱えていると、心の波立ちが静かになり、安らかな気持ちが広がります。

感謝の言葉、「ありがとう」を大切にしましょう。

そこには、言う側も、言われる側も癒される、不思議なパワーが秘められているのです。

「ありがとう、この本を読んでくれて」

「あなたには幸せの天使がついています」

ホ・オポノポノを実践し、もし、自分の人生がとても良くなったと感じたら、周りの人にも教えてあげましょう。

あとがき　おとうさんありがとう。おかあさんありがとう。

本書を手にとっていただき、ありがとうございました。

『死ぬのが怖いあなたに』という題名の本になるなんて、僕はびっくりしています。1冊の本は多くの人の共同作業で生まれるものです。こうした題名がふと眼に留まり、この本を読んでくださる方がいれば、それはそれでいいかな。自分の意見はなるべく押し付けないようにし、出版社の有能な編集者が題名を考えてくだされば、それでいいと思って、この本が生まれました。

よく考えてみれば、見えない世界からも、多くの応援があってこの本が生まれたのだと思います。この世に実在する人々、あの世から応援してくださっている人々に感謝したいと思います。

自分の家族のことですが、父浩太郎《こうたろう》は25年前、79歳で亡くなりました。

そして2010年2月22日、母きくが100歳と4ヵ月で向こう側の世界に旅立って行きました。母はとても元気で、105歳ぐらいまでは生きてくれるのではないかと思っていましたので、少し残念でした。でも誰もが死んでゆくのだ、「それでいいのだ」と感じています。人が死ななかったら、この世は老人だらけになって、おそろしい世界になります。やがてはみんな人生を卒業してゆきます。

父も母も亡くなる時、「ああ、いい人生だった」と言って旅立ってゆきました。今頃は向こう側の世界から微笑んで愛を送っていてくれると思います。戦争の直前、生まれたばかりの時から身体がとても弱かった上、戦中戦後、栄養になる食べ物も十分にない中で、両親が愛を注いで、僕を育ててくれたことに感謝します。眼を閉じれば、父と母の姿が浮かんできます。ユーチューブに若い日の父と母の写真をいれて、『家族のアルバム』を載せました。母は亡くなる前、それを見て喜んでいたそうです。少しは親孝行ができたような気がして嬉《うれ》しいです。僕にとっては「おとうさんありがとう、おかあさんありがとう」の言葉が病気から回復する大きなきっかけになりました。感謝の心がどんなにパワーを持っているかを知った事件でした。

まるで、幼稚園に戻ったようなワークでしたが、その効果は奇跡的でした。本書が生まれるにあたっては本当に多くの人々が係わっています。一人ひとりの名前は挙げられませんが、心からお礼を述べたいと思います。また、最近大天使メタトロンからもメッセージをもらいました。サン・ジェルマン伯爵、聖フランシスコ、イエスなど次元の違う場所から応援してくださった精霊や天使の皆さんにも感謝します。そして、何よりも、本書を手にとって、読んでくださった読者の方々には、本当に感謝の気持ちでいっぱいです。意識を少しでも広げるお手伝いが出来れば嬉しく思います。今後もツイッターや、メルマガなどインターネットで遊びながら、いろいろ学びあっていきたいと思います。どうぞよろしくお願いします。参考文献を10冊、載せておきます。どうぞ参考にしてください。愛について、自分について、また、宇宙についての理解がさらに深まると思います。

シャーリー・マクレーン著、山川紘矢・山川亜希子訳『アウト・オン・ア・リム』地湧社　角川書店
ブライアン・L・ワイス著、山川紘矢・山川亜希子訳『前世療法』PHP研究所
ジェームズ・レッドフィールド著、山川紘矢・山川亜希子訳『第十の予言』角川書店
タデウス・ゴラス著、山川紘矢・山川亜希子訳『なまけ者のさとり方』地湧社
パウロ・コエーリョ著、山川紘矢・山川亜希子訳『アルケミスト』角川書店
ロンダ・バーン著、山川紘矢・山川亜希子・佐野美代子訳『ザ・シークレット』角川書店
山川紘矢著『輪廻転生を信じると人生が変わる』ダイヤモンド社
山川紘矢著『天国はここにあり』ダイヤモンド社

山川亜希子著『人生は、奇跡の連続!』大和書房
山川亜希子著『宇宙で唯一の自分を大切にする方法』大和書房

山川紘矢

2010年12月20日

文庫版あとがき

本書を読んでいただき、ありがとうございます。この文庫本の元になったハードカバーの『死ぬのが怖いあなたに』は明るい黄色とオレンジ色系の装丁できれいな本だと思いました、しかし、「死」という文字を含むタイトルは少し強かったようで、講演会などに持って行っても引いてしまう人もいたように感じました。今回、文庫本として出ることになったために読み返してみたところ、もう少し、優しいタイトルのほうが読者にとっても手を出しやすいかな、と直感しました。そこで、『すべては良きことのために』という題名にしていただきました。精神世界の勉強を永く続けてきて、気がついたことは『死』は忌み嫌われるものではなく、ただ当たり前のことにすぎない、この人生が終わっても魂の存在として私達は引き続き存在する、ということが次第にわかってきました。つまり、死を悪いことであると決めつけたり、敗北ととらえるのではなく、死とは肉体の衣を脱ぎ捨てて、より軽やかなエネルギー体となって、次の段階に進化してゆくことだと前向きにとらえるようになりました。寿命がますます長くなってきているこれからの社会においては、人間の尊厳も大切です。なんとか生きのびていれば良いと言うような医療は見直される時代がやってきているのではないでしょうか。僕自身のこととしても「延命のためだけの治療はしないで欲しい」ということを遺言の一部としています。その上で、この世からは不幸な死をなくすこと、戦争のない平和な世界を作って行くことが大切だと思います。平均寿命が100歳以上という時代も必ずやってくるのではないでしょうか。しかし、元気で人生を楽しめなくては、ただ長く生きることだけが良いともいえません。

最近、つくづくと考えていることは、この宇宙はすべて完璧《かんぺき》にできていること、そしてそれは愛そのものであるということです。見えない世界は確実に存在しています し、神は確実に存在していて、私達を常に守ってくださっているということです。人間には自由意志が与えられているのですから、もっともっと人間が賢くならなければならないと思うのです。そのために必要な事は一人ひとりが自分が何者であるかに目覚め、自分を受け入れて愛すること、そして幸せになることです。自分を大切にすること、そして今、ここに意識を向けて生きる事です。見回してみれば、世の中はどんどん変わりつつあります。

嬉《うれ》しいことには、新しい世代の人類が生まれているようです。彼らはクリスタル・チルドレン、あるいはレインボウ・チルドレンと呼ばれています。実際に若い世代に会う機会があって気づいたことですが、僕達の世代では考えられなかったような素晴らしい若者、子供達が生まれているような気がしました。もう、将来をあまり心配する必要はない、すべてはうまく行くようになっているのだ、と安心して、むしろ、エゴとお金と経済第一主義の私達世代は彼らから学ばなければならないと思っています。

レインボウ・チルドレンは次のような特徴を生まれつき持っているのだそうです。

1. 愛に関する叡智《えいち》を持っている。
2. 直感力が優れている。
3. 豊かな感受性を持っている。
4. エネルギーを識別できるリーディング能力を持っている。
5. 不安や恐れなどのエゴがない。
6. 正しいと感じる主張は曲げない。
7. 周りに染まらない意思の強さを持っている。
8. 奉仕の精神に溢《あふ》れている。
9. 癒《い》やしの力を持っている。
10. 家族や愛する人達を守ろうとする。
11. 環境や地球、自然を守ろうとする。
12. 環境や空気汚染などに敏感である。

13. 添加物や汚染物に敏感である。
14. 生まれながらにスピリチュアルな考え方である。

このような特徴を持っている人々が増えて行くのならば、世界は良い方向に変わってゆくでしょう。地球の未来は大丈夫のような気がします。宇宙は完璧だ、何があっても大丈夫だ、という気がします。「変えなければならないのは自分の意識だけだ」ということでしょう。

それでもなお、これからの社会はどうなってゆくのだろうか、といろいろ心配になることもありますが、あとは『自分を大切にして生きる』ということだけだと思います。

私達が親しくしている精霊からのメッセージによれば、『歌って、踊って、人生を楽しんで、健康的に生きなさい』そして世界に『愛と平和を広げて行きなさい。すべては波動が変えて行く』そうです。ですから、人生を楽しんで、良い波動を広げてゆきましょう。自分が本当にしたいこと、ワクワクすること、幸せになれることをしてゆけばいいのです。他人を非難したり、他人の自由を奪うようなことはしないようにしましょう。「すべては自分から始まる」こんな言葉で締めくくりたいと思います。

みなさんの人生にきっと良いことがどんどん起こってくることを信じています。

この文庫を出すに当たって、いろいろ協力してくださった方々に深く感謝したいと思います。
特にＫＡＤＯＫＡＷＡの菅原哲也さま、藤田有希子さま、そして、この本のオリジナルを誕生させてくださった、本田道生さま、中村富美枝さまにも深く感謝します。

山川紘矢

２０１６年春

本書は二〇一一年二月にイースト・プレスより刊行された単行本『死ぬのが怖いあなたに』を改題し文庫化したものです。

すべては良《よ》きことのために

山川紘矢《やまかわこうや》

平成28年 6月25日　初版発行
令和6年 12月10日　6版発行

発行者●山下直久

発行●株式会社KADOKAWA
〒102-8177　東京都千代田区富士見2-13-3
電話　0570-002-301（ナビダイヤル）

角川文庫 19814

印刷所●株式会社KADOKAWA
製本所●株式会社KADOKAWA

表紙画●和田三造

●お問い合わせ
https://www.kadokawa.co.jp/（「お問い合わせ」へお進みください）
※内容によっては、お答えできない場合があります。
※サポートは日本国内のみとさせていただきます。
※Japanese text only

ISBN978-4-04-104233-5　C0195

角川文庫発刊に際して

角川源義

第二次世界大戦の敗北は、軍事力の敗北であった以上に、私たちの若い文化力の敗退であった。私たちの文化が戦争に対して如何に無力であり、単なるあだ花に過ぎなかったかを、私たちは身を以て体験し痛感した。西洋近代文化の摂取にとって、明治以後八十年の歳月は決して短かすぎたとは言えない。にもかかわらず、近代文化の伝統を確立し、自由な批判と柔軟な良識に富む文化層として自らを形成することに私たちは失敗して来た。そしてこれは、各層への文化の普及滲透を任務とする出版人の責任でもあった。

一九四五年以来、私たちは再び振出しに戻り、第一歩から踏み出すことを余儀なくされた。これは大きな不幸ではあるが、反面、これまでの混沌・未熟・歪曲の中にあった我が国の文化に秩序と確たる基礎を齎らすためには絶好の機会でもある。角川書店は、このような祖国の文化的危機にあたり、微力をも顧みず再建の礎石たるべき抱負と決意とをもって出発したが、ここに創立以来の念願を果すべく角川文庫を発刊する。これまで刊行されたあらゆる全集叢書文庫類の長所と短所とを検討し、古今東西の不朽の典籍を、良心的編集のもとに、廉価に、そして書架にふさわしい美本として、多くのひとびとに提供しようとする。しかし私たちは徒らに百科全書的な知識のジレッタントを作ることを目的とせず、あくまで祖国の文化に秩序と再建への道を示し、この文庫を角川書店の栄ある事業として、今後永久に継続発展せしめ、学芸と教養との殿堂として大成せんことを期したい。多くの読書子の愛情ある忠言と支持とによって、この希望と抱負とを完遂せしめられんことを願う。

一九四九年五月三日

角川文庫ベストセラー

輪廻転生を信じると人生が変わる　山川紘矢

世界銀行の要職として米国にいた僕は、ある日1冊の本に衝撃を受ける。『アウト・オン・ア・リム』――。この本に出会うことは〝決められていた〟⁉ スピリチュアル書の翻訳を始めるきっかけとなった人生の転機。

宇宙で唯一の自分を大切にする方法　山川亜希子

夫の米国赴任が終わる直前、あるチャネラーが届けてくれた精霊のメッセージで人生が大きく変わった。自分の殻を破るのに必要なのは、ほんの少しの勇気。スピリチュアル文学の翻訳家が贈る、本当にあった奇跡。

相田みつをザ・ベスト
にんげんだもの 逢　相田みつを

「つまづいたっていいじゃないか にんげんだもの」不安なとき、心細いとき、悲しいとき……人生によりそう言葉の数々を厳選した『にんげんだもの 逢』を、いまこそ読みたい内容にリニューアルした決定版。

生きるヒント 全五巻　五木寛之

「歓ぶ」「惑う」「悲む」「買う」「喋る」「飾る」「知る」「占う」「働く」「歌う」。日々の何気ない動作、感情の中にこそ生きる真実がひそんでいる。日本を代表する作家からあなたへ、元気と勇気が出るメッセージ。

神谷美恵子日記　神谷美恵子

『生きがいについて』などの著書を残し、美智子さまのご相談相手でもあった著者が、40年間書き続けた日記から抜粋、編纂した日記抄。苦しみと悲しみのあいだにひそむ、人生の静かな美しさを伝える稀有な記録。

角川文庫ベストセラー

アルケミスト　夢を旅した少年
パウロ・コエーリョ
山川紘矢・山川亜希子＝訳

羊飼いの少年サンチャゴは、アンダルシアの平原からエジプトのピラミッドへ旅に出た。錬金術師の導きと様々な出会いの中で少年は人生の知恵を学んでゆく。世界中でベストセラーになった夢と勇気の物語。

星の巡礼
パウロ・コエーリョ
山川紘矢・山川亜希子＝訳

神秘の扉を目の前に最後の試験に失敗したパウロ。彼が奇跡の剣を手にする唯一の手段は「星の道」という巡礼路を旅することだった。自らの体験をもとに描かれた、スピリチュアリティに満ちたデビュー作。

ピエドラ川のほとりで私は泣いた
パウロ・コエーリョ
山川紘矢・山川亜希子＝訳

ピラールのもとに、ある日幼なじみの男性から手紙が届く。久々に再会した彼から愛を告白され戸惑うピラール。しかし修道士でヒーラーでもある彼と旅するうちに、彼女は真実の愛を発見する。

第五の山
パウロ・コエーリョ
山川紘矢・山川亜希子＝訳

混迷を極める紀元前9世紀のイスラエル。指物師として働くエリヤは子供の頃から天使の声を聞いていた。だが運命はエリヤのささやかな望みをかなえず、苦難と使命を与えた……。

ベロニカは死ぬことにした
パウロ・コエーリョ
江口研一＝訳

ある日、ベロニカは自殺を決意し、睡眠薬を大量に飲んだ。だが目覚めるとそこは精神病院の中。後遺症で残りわずかとなった人生を狂人たちと過ごすことになった彼女に奇跡が訪れる。

角川文庫ベストセラー

宇宙からの手紙

マイク・ドゥーリー
山川紘矢・山川亜希子＝訳

もし宇宙からあなたに、人生を豊かにするためのメッセージが毎日届いているとしたら……？『ザ・シークレット』の賢者が、そんな宇宙からの言葉を愛情たっぷりに伝えてくれる、心癒やす人気シリーズ第一弾。

宇宙からの手紙2

マイク・ドゥーリー
山川紘矢・山川亜希子＝訳

『ザ・シークレット』の賢者、マイク・ドゥーリーが、宇宙からあなたに届く愛のメッセージを伝えてくれます。開いたページにあなたに必要な言葉がきっと載っているはず。幸せを感じる一冊。

宇宙からの手紙3

マイク・ドゥーリー
山川紘矢・山川亜希子＝訳

「幸せ」は特別なことがなくても、普段の生活の中でたくさん見つけられます。幸せをキャッチする力を高めるために、ぜひ読みたい宇宙から届くメッセージ集第3弾。心がけひとつで人生は変わります！

アウト・オン・ア・リム

シャーリー・マクレーン
山川紘矢・山川亜希子＝訳

実りのない恋が、思わぬ体験に彼女を導いた。行動派で知られる女優が、数々の神秘体験をきっかけとして、本当の自分、神、宇宙について学びながら、大いなる世界に目覚めていく過程を綴る。

世界最強の商人

オグ・マンディーノ
山川紘矢・山川亜希子＝訳

ハフィッドは師から成功の秘訣が書かれた10巻の巻物を譲られる。教えに従い成功したハフィッドは巻物を継ぐ人物を密かに待ち続ける。現れた青年とは……。人生成功の原理をわかりやすく説く大人の寓話。

角川文庫ベストセラー

その後の世界最強の商人

オグ・マンディーノ
山川紘矢・山川亜希子＝訳

ハフィッドは講演旅行でローマを訪れ、巻物を渡した青年パウロが理不尽に捕らえられていることを知る。処刑された彼の遺志を継ぎ、ハフィッドは残りの人生をかけた、ある壮大な計画を思いつく。感動の名著！

聖なる予言

ジェームズ・レッドフィールド
山川紘矢・山川亜希子＝訳

南米ペルーの森林で、古代文書が発見された。そこには人類永遠の神秘、魂の意味に触れた深遠な九つの知恵が記されているという。偶然とは思えないさまざまな出逢いのなかで見いだされる九つの知恵とは。

第十の予言

ジェームズ・レッドフィールド
山川紘矢・山川亜希子＝訳

ペルーの森林で「すべては偶然ではない」ことを学んだ著者。霊的存在としての人類は、なぜ地球上に出現したのか。そしてこれから何処に向かおうとしているのか。世界的ベストセラー『聖なる予言』の続編。

聖なるヴィジョン

ジェームズ・レッドフィールド
山川紘矢・山川亜希子＝訳

困難な人間関係、壊れていく教育、混迷する世界経済。「私たちのすべきことは、自分の気づきを行動に移すことであり、信念を持つことである」。『聖なる予言』の著者が、来るべき時代の夜明けを告げる必読の書。

第十一の予言
シャンバラの秘密

ジェームズ・レッドフィールド
山川紘矢・山川亜希子＝訳

伝説の地「シャンバラ」で、何世紀にもわたり伝えられているという「知恵」を求め、また新たな魂の旅が始まろうとしていた——大ベストセラー「聖なる予言」シリーズ第三弾!!

角川文庫ベストセラー

第十二の予言
決意のとき

ジェームズ・レッドフィールド
山川紘矢・山川亜希子＝訳

「霊的知識の学び」の重大な秘密が記された古代文書の一部を手に入れた「私」とウィルは、全12部あるというその文書を探す旅に出る。導かれたのはパワースポット、セドナ。突然目の前に現れた人々とは……！

新訳 道は開ける

D・カーネギー
田内志文＝訳

「人はどうやって不安を克服してきたか」人類の永遠とも言えるテーマに、多くの人の悩みと向き合ってきたカーネギーが綴る、現代にも通ずる「不安、疲労、悩み」の克服法。名著『道は開ける』の新訳文庫版。

富と成功をもたらす7つの法則

ディーパック・チョプラ

願望を実現する力を持ち、愛と喜びに満ちた人生を送ることが真の「成功」。政治家やアーティストら多くのセレブに支持されるチョプラ博士が、成功に導く7つの法則について書いた名著、待望の文庫化！

癒す心、治る力

アンドルー・ワイル
上野圭一＝訳

人には自ら治る力がそなわっている。現代医学から自然生薬、シャーマニズムまで、人が治るメカニズムを究めた博士が、臨床体験をもとに治癒例と処方を記し世界的ベストセラーとなった医学の革命書。

心身自在

アンドルー・ワイル
上野圭一＝訳

現代医学からシャーマニズムまで、人が〈治る〉メカニズムを究める著者が自発的治癒力を甦らせ、身体を、そして人生をも変えていく方法を提示する。『癒す心、治る力』の実践編。

角川文庫ベストセラー

新訳ハムレット

シェイクスピア
河合祥一郎＝訳

デンマークの王子ハムレットは、突然父王を亡くした上、その悲しみの消えぬ間に、母・ガードルードが、新王となった叔父・クローディアスと再婚し、苦悩するが……画期的新訳。

新訳ロミオとジュリエット

シェイクスピア
河合祥一郎＝訳

モンタギュー家の一人息子ロミオはある夜仇敵キャピュレット家の仮面舞踏会に忍び込み、一人の娘と劇的な恋に落ちるのだが……世界恋愛悲劇のスタンダードを原文のリズムにこだわり蘇らせた、新訳版。

新訳ヴェニスの商人

シェイクスピア
河合祥一郎＝訳

アントーニオは友人のためにユダヤ商人シャイロックに借金を申し込む。「期限までに返せなかったらアントーニオの肉1ポンド」を要求するというのだが……人間の内面に肉薄する、シェイクスピアの最高傑作。

新訳リチャード三世

シェイクスピア
河合祥一郎＝訳

醜悪な容姿と不自由な身体をもつリチャード。兄王の病死をきっかけに王位を奪い、すべての人間を嘲笑し返そうと屈折した野心を燃やす男の壮絶な人生を描く、シェイクスピア初期の傑作。

新訳マクベス

シェイクスピア
河合祥一郎＝訳

武勇と忠義で王の信頼厚い、将軍マクベス。しかし荒野で出合った三人の魔女の予言は、マクベスの心の底に眠っていた野心を呼び覚ます。妻にもそそのかされたマクベスはついに王を暗殺するが……。